오직 하나님만 의지하라

성경강해시리즈 8 열왕기하

강용규 지음

쿰란출판사

머리말

솔로몬 왕이 죽은 이후 이스라엘은 북이스라엘과 남유다로 나뉘게 됩니다. 북이스라엘과 남유다의 왕들은 각각의 통치를 하게 되는데 이러한 상황에서 하나님께서 선지자들을 통해 주신 말씀은 너무나도 분명한 것을 알 수 있습니다. 그것은 하나님의 백성은 어떤 경우에도 하나님만을 절대적으로 신뢰해야 한다는 것입니다.

그러나 북이스라엘은 하나님을 의지하지 않고 우상을 숭배하고 주변의 강대국들을 의지하고 세상의 재물을 의지하다가 주전 722년에 앗시리아에게 망했습니다. 남유다 역시 북이스라엘의 멸망을 보면서도 하나님을 의지하지 않고 우상숭배하고 주변 강대국을 의지하다가 BC 587년에 바벨론에게 멸망당했습니다.

이러한 이스라엘 왕들의 실패의 역사와 히스기야나 요시야 같은 왕들의 성공의 역사를 보면서 우리가 알 수 있는 사실은 하나님의 자녀들은 오직 여호와 하나님만을 절대적으로 신뢰하고 하나님의 말씀에 순종해야 한다는 것입니다. 우리가 하나님을 신뢰하고 순종할 때 하나님께서는 어떤 경우에도 하나님의 백성들을 지켜주시고 세상을 향한 제사장 같은 나라와 백성으로 존귀하게 세워주십니다.

특별히 남북으로 갈라진 지 60년이 지난 대한민국에서 여호와 하나님을 믿는 우리 그리스도인들은 더욱더 하나님만을 신뢰해서 하나님이 세워주시는 한국교회, 그리고 대한민국, 나아가서 통일된 조국을 맞았으면 하는 마음입니다. 이러한 우리의 꿈이 이루어지는 데 있어서 열왕기하서가 많은 가르침을 줄 것으로 기대합니다.

언제나 책을 내면서 생각하는 것은 저에게 베푸신 하나님의 크신 은혜입니다. 또한 수요예배에 참석해서 함께 은혜 받고 하나님 나라를 확장해 나가는 한신교회 성도들의 힘입니다. 그리고 목회자의 아내로 고생과 수고를 마다하지 않고 기쁨으로 맡겨진 사명을 감당하는 사랑하는 아내 에스더의 헌신과 기도 덕분입니다. 이 책이 나오기까지 수고하신 쿰란출판사의 대표 이형규 장로님과 난필인 글을 타이핑 해준 최미정 간사에게 감사를 드립니다.

강용규 목사

차례

C o n t e n t s

아하시야에 대하여

열왕기하 1:1~18

열왕기서가 신명기 역사관을 가진 사람들에 의해서 쓰여졌다는 사실을 우리는 이미 알고 있습니다. 신명기 역사관을 잘 보여주는 말씀이 신명기 28장에 나옵니다. 1절에 "네가 네 하나님 여호와의 말씀을 삼가 듣고 내가 오늘날 네게 명령하는 그 모든 명령을 지켜 행하면 네 하나님 여호와께서 너를 세계 모든 민족 위에 뛰어나게 하실 것이라"고 했습니다. 그리고 15절에서는 "네가 만일 네 하나님 여호와의 말씀을 순종하지 아니하여 내가 오늘 네게 명령하는 그의 모든 명령과 규례를 지켜 행하지 아니하면 이 모든 저주가 네게 임하며 네게 이를 것이니……"라고 했습니다.

이와 같은 분명한 역사관에 의해서 열왕기상 22장 41~50절에서는 남유다 왕 여호사밧에 대한 말씀이 나오고 22장 51~53절에서는 북이스라엘 왕 아하시야에 대해서 나옵니다. 그래서 여호사밧과 아하시야의 대조를 보여줍니다. 여호사밧은 그의 아버지 아사의 의로운 길을 따라 걸었고, 아하시야는 그의 부모인 아합과 이세벨, 그리고 여로보암의 악한 길을 따라 걸었습니다. 여호사밧은 비록 산당을 제거하지는 않았지만 성전에서 활동하는 창기들을 척결하였습니다.

그러나 이와는 대조적으로 아하시야는 바알을 섬기고 예배함으로써 하나님을 섬기는 일에 배교하는 전통에 서 있었습니다. 따라서 여호사밧은 장수하였고, 에돔을 지배하였으며, 그의 아들 여호람에게 왕위를 넘겨 주었습니다. 반면 아하시야는 1년 남짓 북이스라엘을 다스렸고 모압을 잃었고, 자식도 없이 수치스럽게 창문 난간에서 떨어져 죽었습니다.

이처럼 하나님을 경외하느냐? 그렇지 않고 우상을 섬기느냐가 그 사람의 앞날을 가른다는 것을 열왕기서는 보여주고 있습니다. 그리고 열왕기서는 원래 하나의 책이었습니다. 그래서 히브리어로 된 성경에는(Masoretic Text) 단순히 "열왕들"(Kings)이라고 했습니다.

그러나 70인역(구약의 헬라어 역본, BC 250년경 알렉산드리아)에서는 분량이 너무 커서인지 이를 둘로 나누었습니다. 그후에 번역된 라틴어역 불가타(Vulgate)도 둘로 나누었습니다. 그리고 요즘 대부분의 성경이 둘로 나눴습니다.

첫째, 아하시야가 난간에서 떨어짐(1:1~8)

■ 1절에 보면 "아합이 죽은 후에 모압이 이스라엘을 배반하였더

라"고 했습니다.

① 모압이 어떤 족속인지는 창세기 19장 36~38절에 나옵니다. "롯의 두 딸이 아버지로 말미암아 임신하고 큰딸은 아들을 낳아 이름을 모압이라 하였으니 오늘날 모압의 조상이요 작은딸도 아들을 낳아 이름을 벤암미라 하였으니 오늘날 암몬 자손의 조상이었더라." 이렇게 해서 모압 족속이 이 땅에 생겼습니다.

② 다윗이 왕위에 오르자 모압을 정복했습니다(삼하 8:11~12; 대상 18:11). 그리고 모압으로부터 조공을 받았습니다(대상 18:2). 그리고 솔로몬 때에는 정략결혼으로 모압 여인을 부인으로 삼으므로(왕상 11:1) 그 관계가 지속되었습니다. 그런데 아합이 죽자 모압이 이스라엘을 배반한 것입니다. 즉 더 이상 조공을 바치지 않겠다는 것입니다.

③ 모압은 그들의 신인 그모스(Chemosh) 신을 숭배했습니다.

■ 2절에서 아합의 아들 아하시야가 나옵니다.

① 아하시야는 아합이 길르앗 라못에서 심한 부상을 입고 전사했기 때문에 갑작스럽게 왕위에 오르게 되었습니다(왕상 22:40).

② 아하시야는 아합과 이세벨 사이에 태어난 아들입니다. 열왕기상 22장 52절에서는 "그가 여호와 앞에서 악을 행하여 그의 아버지의 길과 그의 어머니의 길과 이스라엘에서 범죄하게 한 느밧의 아들 여로보암의 길로 행하며"라고 했습니다.

③ 이러한 아하시야가 난간에서 떨어져 중상을 입었습니다.

④ 그래서 사자들을 불러서 "에그론의 신 바알세붑에게 이 병

이 낫겠나 물어보라" 고 하면서 보냈습니다.

⑤ 여기서 바알세붑(Beel-Zebub, 파리들의 바알)은 파리들의 윙윙 거리는 소리를 가지고 메시지를 해석한다고 했습니다. 또한 이 말은 바알을 깎아내리기 위한 조소적인 말일 수도 있습니다.

■ 3~4절에서 아하시야의 부상은 하나님의 징계였음을 알 수 있습니다. 그러나 아하시야는 이 사실을 모르고 바알세붑에게 간 것입니다.

① 이것에 대해서 하나님은 특명을 내렸습니다. 그래서 여호와의 사자가 엘리야에게 하나님의 말씀을 전했습니다.

② 그것은 이스라엘에 하나님이 없어서 우상에게 가느냐는 것이었습니다.

③ 그리고 아하시야가 사고를 당해서 침상에 누워 있는데 그대로 있다가 죽을 것이라는 심판의 말씀입니다.

④ 바로 이 사실을 선지자 엘리야가 아하시야의 사자를 만나서 다 진했습니다.

■ 5~8절에서

① 아하시야 왕이 보낸 사자들이 빨리 아하시야에게 돌아왔습니다.

② 이에 대해서 사자들이 길 가다가 하나님의 사람을 만나게 되었는데 그가 이스라엘에 하나님이 없어서 에그론의 신 바알세붑에게 가느냐고 했고, 또한 왕이 올라간 침상에서 내려오지 못하고 죽으리라고 했다는 것입니다.

③ 아하시야 왕이 사자에게 "너희가 만난 하나님의 사람의 모

습이 어떠하더냐?" 고 물었습니다. 이때 사자는 약대 털옷을 입었고 털이 많은 사람이라고 했습니다. 그때 즉시 아하시야 왕은 하나님의 사람 엘리야임을 알아냈습니다.

둘째, 엘리야를 소환하기 위해서 세 번씩이나 오십부장을 보냄(9~15절).

■ 9절에서 아하시야는 오십부장을 엘리야에게 보내서 소환하려는 것을 보게 됩니다. "……그가 엘리야에게 이르되 하나님의 사람이여 왕의 말씀이 내려오라 하셨나이다" 라고 했습니다. 이때 엘리야는 산꼭대기에 올라가 있었습니다.

■ 10~12절에서

① 첫 번째 온 오십부장이 산 위에 있는 엘리야를 강제로 붙잡아 오려고 했습니다.

② 이때 하늘에서 불이 내려 엘리야를 붙잡으려는 50인을 불태웠습니다.

③ 두 번째로 왕이 보낸 오십부장도 역시 강제적으로 엘리야를 소환하려고 했습니다.

④ 이때 역시 하늘에서 불이 내려서 50인을 불살랐던 것입니다.

■ 13~15절에서는

① 왕이 보낸 세 번째 오십부장은 엘리야 앞에 무릎을 꿇었습니다.

② 그리고 "하나님의 사람이여!" 라고 엘리야를 부르면서 "하

나님의 사람이여 원하건대 나의 생명과 당신의 종인 이 50명의 생명을 당신은 귀히 보소서" 라고 겸손하게 말과 행동을 했습니다.

③ 이때 여호와의 사자가 엘리야에게 이르기를 "그를 두려워하지 말고 함께 내려가라" 고 했습니다.

④ 이때 엘리야가 세 번째 온 오십부장과 함께 북이스라엘의 왕 아하시야에게 나갔습니다.

■ 바로 여기서 우리에게 보여주는 중요한 진리가 있습니다.

① 선지자는 왕의 말을 듣는 자가 아니라 하나님의 말씀을 듣는 자라는 것입니다.

② 왕이 오십부장을 보내서 선지자를 소환하면 소환되는 선지자가 아니라는 것입니다. 즉 선지자는 왕보다 낮은 사람이 아니라는 것입니다.

③ 열왕기상 22장 13~14절에서도 선지자 미가야는 아합 왕 앞에서 오직 하나님 말씀만 대언하는 것을 볼 수 있습니다.

④ 성경에서 줄기차게 강조하는 것은 "왕이 이렇게 말한다" 가 아니라 "하나님께서 이렇게 말씀하신다" 입니다(예1 : 사도행전 4장 19~20절에서 베드로는 "하나님 앞에서 너희의 말을 듣는 것이 하나님의 말씀 듣는 것보다 옳은가 판단하라 우리는 보고 들은 것을 말하지 아니할 수 없다 하니……" 라고 했습니다. 예2 : 사도행전 5장 29절에서도 베드로는 대답하기를 "사람보다 하나님을 순종하는 것이 마땅하니라" 고 했습니다).

셋째, 예언자와 그의 말씀의 권능(16~18절)

■ 16절에서

① 먼저 단죄가 나옵니다. "네가 사자를 보내 에그론의 신 바알세붑에게 물으려 하니 이스라엘에 그의 말을 물을 만한 하나님이 안 계심이냐?" 즉 인생의 중대사에 대해서 물으려거든 하나님께 물어야 한다는 것입니다(삼상 30:8 – 다윗이 하나님께 물어봄).

② 그리고 심판이 나옵니다. "네가 그 올라간 침상에서 내려오지 못할지라" 고 했습니다.

③ 마지막 결론으로 단죄의 결과가 나옵니다. "네가 반드시 죽으리라." 이처럼 예언자의 말씀대로 이루어지는 것을 볼 수 있습니다. 여기에서 하나님의 말씀의 권능을 보게 됩니다.

■ 17절에서 "왕이 엘리야가 전한 여호와의 말씀대로 죽고……" 라고 했습니다. 여기에 하나님의 말씀의 능력을 분명하게 보여주고, 또한 예언자의 권위도 보여주고 있습니다.

■ 하나님의 말씀은 결코 추상적이지 않고 구체적입니다. 이러한 하나님의 말씀은 바로 예언자들을 통해서 우리에게 전달되기도 합니다.

■ 17~18절에서 하나님의 말씀대로 아하시야는 죽습니다. 그의 통치 기간은 2년이었고, 그가 아들이 없이 죽었기에 그의 동생 여호람이 뒤를 이어 북이스라엘 왕이 되었습니다.

…결론

우리는 인생을 살면서 중대한 결정을 내려야 할 때가 있습니다. 그때 누구에게 물어보느냐가 중요합니다. 아하시야가 하나님 대신 우상인 바알세붑에게 물어보았을 때 그것이 죄가 되었고, 그것으로 심판받아 죽게 된 것을 알 수 있습니다. 사람은 인생의 중대사에 대해서 물으려거든 반드시 하나님께 물어보아야 합니다. 절대로 점치는 집이나, 무당이나, 사람에게 가서는 안 됩니다.

성도와 교회는 하나님의 말씀에 의하여 살고, 하나님 말씀의 권위 아래 순종해야 합니다. 따라서 그 하나님의 말씀을 전달하는 은사를 가진 분들의 말씀을 들어야 하는 것입니다.

"그러므로 믿음은 들음에서 나며 들음은 그리스도의 말씀으로 말미암았느니라"(롬 10:17)고 했습니다. 하나님의 말씀을 귀를 열고 들으시기를 바랍니다. 그리고 그 말씀대로 순종해서 하나님의 축복과 능력이 임하는 삶을 사시기를 바랍니다.

엘리야의 겉옷을 물려받은 엘리사

열왕기하 2:1~25

열왕기하 2장을 읽어가노라면 열왕기라는 이름처럼 남북 이스라엘 왕들의 이야기는 나오지 않습니다. 열왕기하 1장 18절에서 아하시야 왕이 죽었고, 그 뒤를 이어 여호람 왕이 등극하는데 이 이야기가 전혀 나오지 않습니다. 반면 매우 신비스러운 이야기가 나옵니다. ① 요단 강물이 갈라지고, ② 회오리 바람과 불병거와 불말이 등장해서 엘리야가 승천하고, ③ 오염된 물이 깨끗해지고, ④ 곰들이 나와서 하나님의 사람(종)을 조롱하는 자들을 죽이는 일입니다.

그러면서 열왕기하 2장은 오늘 현대에도 매우 중요한 교훈을 다루고 있습니다. 그것은 ① 스승에 대한 존경심과 스승과 제자의 밀착된 관계입니다. ② 또한 물의 오염에 대한 문제, 즉 자연 파괴 및 오염에 대한 문제를 어떻게 해결하느냐는 것이고, ③ 하나님의 사람들(종들)에 대해 어떻게 대하여야 하는가를 다루고 있습니다.

그리고 엘리야와 엘리사가 여행을 같이 하면서 엘리야는 죽음을 보지 아니하고 승천을 받고, 엘리야의 자리를 엘리사가 이어받아서 하나님의 구원 역사를 이루는 것을 봅니다. 즉 사람은 바뀌지만 하나님의 역사는 변치 않고 계속됨을 알 수 있습니다.

첫째, 엘리야와 엘리사의 여행(1~8절)

■ 1절에서 하나님께서 엘리야를 회오리 바람으로 승천시키려는 것을 알 수 있습니다. 바로 이러한 때 엘리야가 엘리사와 함께 길갈에 있습니다. 여기의 길갈은 여호수아 4장 19절에 나오는 길갈이 아니고, 벧엘에서 북쪽으로 13km 정도 떨어진 산속에 있는 길갈을 가리킵니다.

■ 2~6절에서

① 엘리야와 엘리사는 길갈에서 벧엘, 그리고 여리고로 함께 여행합니다.

② 그리고 엘리야, 엘리사, 그리고 선지자들의 제자들까지도 하나님께서 엘리야를 "머리 위로 데려가실 것" 즉 승천할 것을 다 알고 있었습니다(참고 : 선지자들, 제자들은 선지자들이 아들들이라고 했습니다. 즉 엘리야, 엘리사와 특별한 관계에 있다는 것입니다).

③ 그런데 이처럼 엘리야는 자신이 승천하는 자리에 엘리사가 함께 가는 것을 원하지 않습니다. 엘리야가 엘리사에게 이르되 "청하건대 너는 여기 머물라"는 것입니다. 왜 그랬을까요?

하나는 하나님이 자신(엘리야)을 하늘로 불러가실 날이 얼마 남지 않아서 이 땅에서 해야 할 일을 하려는데 다른 사람이 동행하는 것이 옳지 않다는 생각이고, 또 하나는 엘리야가 엘리사를 시험(test)하기 위해 일부러 오지 말라고 했다는 것입니다.
④ 그런데 오지 말라는 이유가 어떻든 엘리사는 분명했습니다. "여호와께서 살아 계심과 당신의 영혼이 살아 있음을 두고 맹세하노니 내가 당신을 떠나지 아니하겠나이다" 라고 했습니다. 즉 엘리사는 스승인 엘리야에게 뭔가 특별한 일이 다가오고 있음을 알았습니다. 바로 하나님께서 어떻게 엘리야를 인도하시는가를 직접 보고 스승과 운명을 같이하려는 것입니다.

■ 여기서 엘리야를 끝까지 따르려는 엘리사의 집념을 살펴보면
① 룻기에 나오는 며느리 룻이 시어머니 나오미를 떠나지 않겠다는 것과도 같습니다(룻 1:16~17).
② 마태복음 9장에 나오는 열두 해 동안 혈루병 걸린 여인이 예수님을 따르는 것과도 같습니다. 그래서 그 여자는 목숨을 걸고 그 힘없는 몸으로 군중을 뚫고 들어가서 예수님을 만진 것입니다.
③ 역대상 4장 10절에 나오는 야베스의 기도와도 일맥상통하는 것입니다. "주께서 내게 복을 주시려거든 나의 지역을 넓히시고 주의 손으로 나를 도우사 나로 환난을 벗어나 내게 근심이 없게 하옵소서 하였더니 하나님이 그가 구하는 것을 허락하셨더라."
④ 창세기 32장에 나오는 얍복 강가에서 밤새도록 여호와의

사자와 씨름하던 야곱과도 비슷합니다.

⑤ 그러나 예수님의 탄생 소식을 알고도 베들레헴에 가서 경배하지 않은 바리새인들과, 사두개인들과, 서기관들과, 헤롯과는 전혀 다른 것입니다.

■ 7~8절에서 선지자의 제자 50명은 엘리야와 엘리사의 동행을 멀리서 바라보았습니다. 그리고 엘리야가 겉옷을 말아 요단 강을 치니 물이 이리저리 갈라지고, 두 사람이 요단 강을 건너고 마른 땅을 걷는 것을 볼 수 있습니다.

① 두 사람은 출애굽과 가나안 땅 정복 시절에 건넜던 요단 강을 건넜고, 그리고 마른 땅을 걸었습니다(출 14:21; 수 3:17, 4:18).

② 사실상 그 옛날 구원의 역사 현상을 답습하고 있었습니다.

③ 이제 과거의 시간과 공간을 여행하면서 초자연적인 승천이 일어날 신비로운 장소로 들어갑니다(마태복음 17장에 예수님은 베드로, 요한, 야고보를 데리고 다볼 산에 올라가서 신비로운 모습으로 변화되었습니다).

둘째, 엘리야의 승천(9~13절)

■ 9절에서 엘리야는 엘리사에게 말하기를 '하나님께서 나를 네게서 데려가시기 전에 내게 구할 것을 구하라' 고 했습니다. 이때 엘리사는 엘리야에게 "당신의 성령이 하시는 역사가 갑절이나 내게 있게 하소서" 라고 했습니다.

① 여기서 갑절의 영감은 신명기 21장 17절에 나오는 장자의

몫을 구한 것입니다(유산 상속 시에 장자는 다른 형제보다 2배의 몫을 받게 되었습니다).

② 엘리사는 그의 영적 아버지인 엘리야의 '예언자 직분'을 계승받기를 원했습니다.

■ 10절에서 엘리야는 "갑절의 영감"을 구한 엘리사에게 "네가 나에게 어려운 일(a hard thing)을 구하는도다"라고 했습니다. 그러나 네가 하나님께서 나를 데려가시는 것을 보면 '갑절의 영감' 즉 예언자 직분과 계승이 네게 이루어질 것이고, 그렇지 않다면 이루어지지 아니하리라고 했습니다. 즉 '끝까지 네가 따르느냐?' 고 묻는 것입니다. 고린도전서 4장에서 맡은 자들에게 구할 것은 충성이라고 했습니다.

■ 11절에서 두 사람이 길을 가면서 서로 대화를 할 때 불수레와 불말들이 두 사람을 갈라놓았고, 엘리야는 회오리바람으로 하늘로 올라갔습니다.

① 여기서 하나님의 현현(顯現)이 나타납니다. 그것은 회오리바람이고, 불병거와 불말입니다(왜냐하면 불은 하나님의 임재를 가리키는 것이기 때문입니다).

② 이처럼 엘리야는 죽음을 맛보지 않고 바로 이 땅에서 하늘로 올라갔습니다. 그리고 구약에서 죽음을 보지 않고 하늘로 올라간 사람은 에녹과 엘리야뿐입니다.

③ 데살로니가전서 4장 16~17절에서 이 세상에 사는 사람들은 "주께서 호령과 천사장의 소리와 하나님의 나팔 소리로 친히 하늘로부터 강림하시리니……살아 남은 자들도 그들과 함

께 구름 속으로 끌어올려 공중에서 주를 영접하게 하시리니" 라고 말했습니다. 그러니 늘 영적으로 깨어 지내시기를 바랍니다.

■ 12~13절에서 승천하는 엘리야를 목격한 엘리사는 소리 지르면서 하늘로 올라가는 엘리야를 향해서 "내 아버지여 내 아버지여 이스라엘의 병거와 그 마병이여"라고 했습니다. 그리고 옷을 반으로 찢었습니다. 이별의 슬픔과 애도를 나타내는 것입니다.

① 엘리야를 향해서 "내 아버지여 내 아버지여"라고 한 것은 둘의 관계가 스승과 제자에서 나아가 아버지와 아들의 관계였음을 보여줍니다.

② 엘리야를 가리켜서 "이스라엘의 병거와 마병이여"라고 한 것은 엘리야가 이방 세력(바알과 아세라)으로부터 하나님의 백성을 지키는 방패였다는 것입니다.

③ 이스라엘을 지키는 병기는 애굽의 말들에 있지 않고(신 17:16) 오직 예언자들이 한결같이 주장하는 하나님에게 있다는 것입니다(엡 6:10~17; 롬 8:37~39).

④ 그리고 13절에서 엘리사가 엘리야의 몸에서 떨어진 겉옷을 주웠다는 것은 엘리사가 엘리야의 예언자 직분을 이어받았다는 것입니다(슥 13:4). 즉 엘리야로부터 장자의 유산을 상속받았고 엘리야의 능력 있는 사역이 이제 엘리사에게 나타난다는 것을 말하고 있습니다.

셋째, 엘리사의 사역(14~25절)

■ 14절에서 엘리사는 엘리야의 몸에서 떨어진 엘리야의 겉옷을 가지고 요단 강의 물을 치니 물이 이리저리 갈라졌습니다.

① 이것은 엘리야와 함께했던 하나님의 임재와 능력이 이제 엘리사에게로 옮겨졌음을 의미합니다.

② 즉 하나님께서는 사람은 바뀌어도 하나님의 백성을 구원하는 일을 계속하신다는 것입니다. 즉 이 말은 그 시대에 맞는 새로운 영적 지도자를 준비시킨다는 것입니다.

■ 15절에서 여리고에 있는 선지자의 제자들이 엘리야의 성령의 능력이 엘리사 위에 있는 것을 보고 엘리사에게 나아가 땅에 엎으려 절하고 경배했습니다. 즉 모세의 사역이 끝나고 여호수아에게 새 지도력이 주어졌을 때 이스라엘 백성이 여호수아를 따랐듯이 따르고 경배한 것을 알 수 있습니다.

■ 16~18절에서 선지자 생도들의 무지를 볼 수 있습니다. 즉 엘리야가 승천한 것이 아니라 하나님께서 엘리야를 어느 산에나 골짜기에 숨긴 것이 아니냐 하는 것입니다. 과거 엘리야는 그릿 시냇가, 그리고 시돈 땅에 우거하고 있었습니다. 이에 대해서 엘리사가 아니라고 했지만 선지자들의 제자들이 강청하므로 50명의 선지자 생도를 보냈습니다. 그러나 사흘 동안을 찾아도 엘리야를 발견하지 못했습니다. 이러한 선지자 생도들에게 엘리사는 믿음 없음을 책망했던 것입니다.

■ 19~22절에 여리고에 있는 물이 오염되어서 여리고 주민들이

그 물을 먹을 수 없었고, 만약 마시면 병에 걸리는 것이었습니다.

① 원래 여리고는 여호수아 때부터 저주받은 땅이었습니다.

② 엘리사는 물 때문에 고통받는 여리고 사람들을 위하여 하나님의 능력으로 먹을 수 있는 물로 고쳐주었습니다.

③ 출애굽기 15장에서 막대기(십자가)는 마라의 쓴물을 단물로 바꾸었습니다. 즉 하나님을 바르게 섬기고 하나님을 의지할 때 하나님은 이 자연이 인간을 대적하지 않고 섬기는 자연으로 바꾸어 주신다는 것입니다.

■ 23~25절에서 엘리사가 여리고에서 벧엘로 올라갈 때 길에 있던 작은 아이들(젊은이들)이 하나님의 사람을 조롱했습니다. "대머리여 올라가라 대머리여 올라가라"고 했습니다. 이에 대해서 엘리사가 여호와의 이름으로 저주하매 곧 수풀에서 암곰 둘이 나와서 아이들 중 42명을 죽였습니다.

① 젊은이들이 하나님의 사람을 조롱한 것은 영적으로 타락한 것을 가리킵니다. 이것은 엘리사를 모욕힌 것에 그치는 것이 아니라 바로 하나님의 영광을 모독하는 것입니다.

② 열왕기상 20장 35~36절에서도 하나님의 사람(종)에 대해서 마땅한 대우를 해야 함을 가르쳐 주고 있습니다.

③ 예수님은 다른 사람을 나보다 낫게 여기라고 했지 절대로 조롱하라고 하지 않았습니다. 그리고 형제에게 '라가' 라고 하는 자는 지옥불에 떨어진다고 했습니다. 하물며 하나님의 사람(종)을 조롱하는 일은 바로 하나님의 영광을 모욕하는 일이 됨을 기억해야 합니다.

…결론

어떤 철학자가 "흘러가는 강물을 보면서 모든 것은 변한다"고 했습니다. 이처럼 모세에서 여호수아로, 그리고 엘리야에게서 엘리사로 지도자가 바뀌는 것을 볼 수 있습니다. 이렇게 변화가 일어나는 것은 하나님에 의해서 일어나는 것입니다. 그러나 분명한 사실은 세상은 변하지만 하나님의 뜻인 이 세상을 구원하시는 하나님의 역사는 변하지 않고 계속된다는 것입니다.

그러면 누가 변하지 않는 하나님의 구원의 역사에 쓰임받는 도구가 될 수 있을까요? 그것은 엘리사처럼 끝까지 스승인 엘리야를 따르는 사람입니다. 좌로나 우로나 기웃거리지 않고 믿음의 주요 온전케 하시는 예수님을 바라보고 따르는 자입니다. 바로 이런 사람에게 하나님은 장자의 축복을 주십니다. 영감의 갑절을 주십니다. 그리고 성령의 외투를 입혀 주십니다. 즉 하나님의 도구로 세워주십니다. 그리고 하나님의 능력으로 기적을 행하면서 썩은 물이 생명의 물로 바뀌는 역사를 행하게 되는 것입니다.

성도 여러분, 변하는 역사 속에 변하지 않는 하나님의 역사를 이루는 소중한 사람들이 되시기를 바랍니다. 그러기 위해 끝까지 예수 그리스도를 따르시기를 바랍니다. 하나님의 능력을 간절히 간구하시기를 바랍니다. 그래서 엘리사처럼 엘리야가 가졌던 하나님의 영감을 갑절로 받는 축복의 사람들이 되시기를 바랍니다.

모압의 반란

열왕기하 3:1~27

모압이 어떻게 시작된 나라인지를 살펴보겠습니다. 아브라함의 조카 롯과 그의 맏딸 사이에 태어난 아들들의 후손이 "모압"이란 나라를 세웠습니다. 이들은 주로 요단 강 동편에 기주했습니다. 그래서 이스라엘이 출애굽해서 가나안 땅으로 들어가려 할 때 모압 평지에 머물게 되었습니다. 그때 모압 왕 발락이 예언자 발람을 사주해서 이스라엘을 저주하게 했습니다.

그리고 사사 시대에 이스라엘과 모압은 적대관계에 있었습니다. 모압은 신생국가인 이스라엘을 향해 끊임없는 약탈을 감행했습니다. 사사기 3장 12~30절에 보면 이스라엘이 18년 동안이나 모압을 섬겼다는 기록이 나옵니다. 그러나 사사 에훗에 의해 이스라엘은 다시 회복되었습니다. 그리고 사사 시대 말기가 배경인 룻기를 읽어보면, 이스라엘과 모압 사이는 비교적 평화로운 관계였음을 알 수 있습니다.

사울 왕이 이스라엘 왕국을 건설하면서 물리쳤던 민족 가운데 모압이 포함되어 있습니다(삼상 14:47). 어쨌든 다윗 통치하에서 모압은 에돔과 함께 이스라엘에게 조공을 바치는 나라였습니다(삼하 8:11~12; 대상 18:11). 그리고 이스라엘이 남북으로 분열되면서 모압은 북쪽 이스라엘에 예속되었습니다. 왜냐하면 북이스라엘의 왕 오므리가 나라를 강력하게 만들면서 모압을 예속시켰기 때문입니다. 그리고 에돔은 남유다에 예속되었습니다.

그러나 아합이 죽으면서 이스라엘 주변 정세는 급격하게 변화되었던 것입니다. 즉 북이스라엘은 약해졌고, 상대적으로 모압은 강해졌습니다. 그래서 모압은 북이스라엘에게 바치던 조공을 그쳤던 것입니다. 즉 모압이 북이스라엘을 배반한 것입니다. 그래서 북이스라엘의 여호람(요람) 왕이 연합군을 형성해서 모압과의 전쟁을 일으킨 것입니다.

첫째, 모압의 반란과 연합군의 대응(1~12절)

■ 1절에서 북이스라엘 왕 여호람(요람)이 남유다 왕 여호사밧 18년에 왕으로 등극했고 12년 동안 사마리아에서 통치했음을 말하고 있습니다. 아합 왕이 죽자 큰아들인 아하시야가 왕위에 올랐습니다. 그러나 2년을 통치하고 병으로 죽습니다. 그런데 아하시야가 죽을 때 아들이 없었기 때문에 그의 동생 여호람이 왕위에 올랐던 것입니다.

■ 2~3절에서 여호람은 "그가 여호와 보시기에 악을 행하였으나 그의 부모와 같이 하지는 아니하였으니……"라고 했습니다. 그 이유는 그의 아버지 아합이 만든 바알 주상을 제거했기 때문이라고 했습니다. 여기서 제거했다는 말은 제거는 하고 파괴하지는 않았다는 것입니다. 이러한 여호람의 태도는 약간 선으로 기울어진 악을 행했다는 것입니다. 다시 말해서 미지근한 선입니다.

바로 이러한 여호람의 태도를 성경은 3절에서 "그가 느밧의 아들 여로보암이 이스라엘로 범하게 한 그 죄를 따라 행하고 떠나지 아니하였더라"고 말합니다. 즉 하나님의 평가는 여호람은 아버지 아합보다는 우상숭배를 덜했지만 그도 역시 우상숭배 정책을 이어 갔다는 것입니다. 여기서 하나님은 미지근한 신앙을 인정하지 않으심을 볼 수 있습니다.

■ 4~5절에서 모압이 매해 북이스라엘에게 조공으로 "새끼 양 십만 마리의 털과 숫양 십만 마리의 털을 바쳤다"는 것을 알 수 있습니다. 그러나 북이스라엘 왕 아합이 죽은 이후에 국력이 약해진 틈을 타서 반란을 일으켜 더 이상 북이스라엘에 조공을 바치지 않은 것입니다.

■ 6~8절에서 여호람은

① 6절에서 군대 총동원령을 내리고,

② 7절에서는 동맹군을 확보합니다. 바로 남유다 여호사밧 왕에게 같이 모압을 치자고 한 것입니다. 이에 대해 여호사밧은 "내가 올라가리이다 나는 당신과 같고 내 백성은 당신의 백성과 같고 내 말들도 당신의 말들과 같으니이다"라고 했습니다.

이처럼 여호사밧이 쉽게 응한 이유 중의 하나는 아합과 이세벨의 딸인 아달랴가 여호사밧의 아들 여호람과 결혼하였기 때문입니다. 북이스라엘 왕 여호람과 남유다 왕 여호사밧은 사돈 관계였던 것입니다.

③ 8절에서는 여호람이 여호사밧에게 "어느 길로 가서 모압을 징벌하는 것이 좋겠느냐?" 고 할 때 "에돔 광야 길로 가자" 고 했습니다. 모압을 공략하는 쉬운 길은 요단 강을 건너서 모압의 북쪽 지역을 공격하는 일입니다. 그러나 이 길은 모압이 이미 알고 준비하고 있었습니다.

따라서 여호사밧은 사해 남단을 돌아서 에돔과 국경을 이루는 모압 남쪽 지역으로 가는 길을 선택했습니다. 왜냐하면 이 길은 길이 험하지만 반면에 적의 경계가 소홀할 것을 노린 것입니다. 그리고 이 길로 가다보면 에돔 군대까지 합세시킬 수 있는 기회도 있기 때문입니다.

■ 9~12절에서

① 북이스라엘 요람의 군대와 남유다의 여호사밧 군대는 유다 예속하에 있던 에돔 왕과 함께 모압을 징벌하기 위해서 출정했습니다.

② 그런데 7일 동안 행군하던 중에 군인들과 짐승들이 먹을 물이 떨어진 것입니다.

③ 이렇게 상황이 어렵게 되자 북이스라엘의 여호람 왕은 "슬프다 여호와께서 이 세 왕을 불러 모아 모압의 손에 넘기려 하시는도다" 라고 했습니다. 즉 여호람 왕은 모압 징벌이라는 전

쟁을 계획하고서 한번도 하나님께 의논하지 않았습니다. 그러나 정작 어려움이 닥치자 하나님부터 원망하는 것을 볼 수 있습니다. 이것이 바로 영적으로 무장하지 못한 사람들의 태도입니다.

④ 이때 남유다 왕 여호사밧은 "우리가 여호와께 물을 만한 여호와의 선지자가 여기 없느냐?" 고 했습니다. 여호사밧은 어려운 일을 만났을 때 즉각적으로 하나님께 엎드려야 함을 알았습니다. 영적으로 무장된 사람은 어려운 일이 있을 때 하나님을 원망하지 아니하고 하나님 앞에 엎드리는 것입니다.

⑤ 이때 한 사람이 나서서 말하기를 "전에 엘리야의 손에 물을 붓던 사밧의 아들 엘리사가 여기 있나이다" 라고 했습니다. 여기서 "손에 물을 붓던" 이란 말은 히브리인들은 식사 전에 손을 씻는데, 이때 낮은 자가 높은 자에게 물을 부어 줍니다. 즉 엘리사는 엘리야를 섬겼던 사람이라는 것입니다.

⑥ 이 밀을 듣고 여호사벗은 하나님의 말씀이 엘리사에게 있다고 하면서 다른 두 왕과 함께 엘리사에게로 갔던 것입니다. 여기서 여호사밧은 하나님의 종을 소중히 여겼고, 여호람은 자기 땅에 거하는 엘리사를 모르고 있었습니다.

예수님의 탄생을 페르시아에 살고 있던 동방박사들은 멀리서 찾아와 경배했지만 예루살렘 사람들과 종교 지도자들은 모르고 있었던 것과 같습니다. 이것은 다 영적으로 깨어 있느냐 그렇지 못하느냐에 따라 가늠하는 것입니다.

둘째, 곤경에 처한 이스라엘을 구한 엘리사(13~20절)

■ 13절에서 엘리사는 찾아온 이스라엘 왕 여호람에게 "내가 당신과 무슨 상관이 있나이까 당신의 부친의 선지자들과 당신의 모친의 선지자들에게로 가소서"라고 하였습니다. 그때 여호람은 엘리사의 책망을 듣고도 잘못을 깨닫지 못합니다. 그리고는 "그렇지 아니하니이다 여호와께서 이 세 왕을 불러모아 모압의 손에 넘기려 하시나이다"라고 했습니다. 즉 모든 책임을 하나님께 돌리고 있습니다. 우리가 알아야 할 사실은 우리를 향한 하나님의 생각은 재앙이 아니라 평안입니다.

■ 14절에서 엘리사는 하나님의 사심을 가리켜서 말하기를 "내가 만일 유다의 왕 여호사밧의 얼굴을 봄이 아니면 그 앞에서 당신을 향하지도 아니하고 보지도 아니하였으리이다"라고 했습니다. 여기서 우리는 위기 속에 있는 이스라엘을 보면서 의인 한 명을 귀하게 여기시는 하나님을 볼 수 있습니다. 하나님은 하나님의 사람 때문에 그가 속한 가정, 사업장, 그리고 공동체를 축복하십니다.

■ 15절에서 엘리사는 하나님의 뜻을 구하기 전에 주님을 먼저 찬양합니다. "이제 내게로 거문고 탈 자를 불러 오소서 하니라 거문고 타는 자가 거문고를 탈 때에 여호와의 손이 엘리사 위에 있더니" (개역한글 : 여호와께서 엘리사를 감동하시니)라고 했습니다. 엘리사는 하나님의 뜻을 구하기에 앞서 하나님께 영광과 찬양을 올렸습니다. 그리고 찬양할 때 하나님의 신이 엘리사를 감동시킨 것입니다.

■ 16~20절에서 엘리사는 하나님의 영의 감동을 받아서 다음과

같은 말을 했습니다.

① '개천을 파라. 그러면 바람과 비도 보지 못하는 때에 하나님께서 이 골짜기에 물이 가득하게 하시리라' 고 했습니다.

② 여호와 하나님께서 모압을 세 왕의 손에 붙이겠다고 했습니다. 즉 승리를 약속했습니다.

③ 그리고 모압의 성들이 황폐하게 될 것이라고 했습니다. 이러한 엘리사의 말씀에 여호사밧을 비롯한 세 왕은 순종하였습니다. 즉 내리쬐는 태양빛 아래서 방주를 만들었던 노아처럼 골짜기에 개천을 팠습니다.

④ 이처럼 이스라엘 백성이 순종할 때 기적은 일어났습니다. 아침 소제를 드릴 때 에돔 쪽에서 물이 흘러와서 세 왕이 머문 곳에 물이 충만하게 되었습니다. 이처럼 하나님의 말씀에 순종하는 사람에게 하나님은 예배 시간에 축복의 홍수를 내려주십니다. 그래서 우리가 알아야 할 사실은 예배 시간이 하나님의 축복을 받는 시간이고, 전쟁에서 승리하는 시간인 것입니다.

셋째, 모압의 패배(21~27절)

■ 21~23절에서 모압 사람은 남쪽에서 세 왕이 쳐들어온다는 소식을 듣고 군대를 모아 전쟁하러 나갔습니다. 그런데 지금처럼 건기에는 물이 없는데 골짜기에 물이 가득해서 흐릅니다. 아침 태양이 떠오르면서 골짜기의 물을 붉게 물들여 놓았습니다. 이것을 본 모압 군대는 이스라엘 사람들끼리 서로 죽여서 물이 피처럼 되었다고 생

각했습니다.

■ 24~26절에서, 그래서

① 이스라엘 사람들과 모압 사람들 사이에 전투가 일어났습니다.

② 충분한 물에 휴식을 취한 이스라엘이 쳐들어오는 모압 군대를 이겼습니다.

③ 패배한 모압 왕은 칼을 찬 군사 700명을 데리고 돌파해서 에돔 왕에게로 가려고 했습니다. 그러나 모압 왕은 가지 못했습니다.

④ 그리고 모압 군대를 몰아낸 것은 '물매꾼' 부대였습니다. 물매꾼 중 유명한 사람은 다윗입니다. 물맷돌로 골리앗을 쓰러뜨렸습니다. 마찬가지로 모압을 무너뜨린 군대는 물매꾼 군대였습니다.

■ 27절에서 패배로 밀려가던 모압 왕은 자기 뒤를 이어 왕이 될 아들을 제물로 삼아 '그모스' 신에게 인신제사를 드린 것입니다. 하나님께서 가증스럽게 여기시는 것이 '인신제사' 입니다. 이것을 본 이스라엘 군대는 크게 분개했습니다. 그리고 더 이상 진격하지 않고 돌아갔습니다. 이렇게 해서 세 나라 연합군은 반쪽 승리를 거두고 고향으로 돌아가게 된 것입니다.

…결론

우리는 인생을 살면서 때로는 어려운 일을 만나게 됩니다. 이때 영적으로 깨어 있는 사람은 하나님을 원망하지 않고 하나님을 의지합니다. 그리고 하나님의 말씀에 순종합니다. 이때 하나님은 우리를 어려운 데서 건져주시고 약속된 축복을 내려주십니다.

성도 여러분, 어려운 일 당할 때, 그때가 하나님을 가까이 만날 기회라는 사실을 아시기를 바랍니다. 그래서 나의 믿음은 적지만 주님을 온전히 의지하시기를 바랍니다. 그래서 어려움을 벗어나시고 또한 하나님이 내려주시는 복도 받으시기를 바랍니다.

네 가지 생명의 선물들

열왕기하 4:1~44

열왕기하 4장은 4가지 기적 기사로 구성되어 있습니다. 각각의 기적 기사는 문제가 발생한 상황에서 기적으로 문제를 해결하고 있습니다. 이 기적 기사들은 엘리사 역시 엘리야와 같이 하나님의 참 선지자요, 엘리야의 후계자임을 보여주었습니다. 왜냐하면 하나님의 영이 함께하지 않으면 이런 기적들은 일어날 수가 없기 때문입니다.

네 가지 기적의 내용들을 보면, 가난한 상황에서 빚을 갚을 만큼 충분히 많은 돈이 생기고, 죽음에서 생명으로, 독이 든 음식을 먹을 수 있는 건강한 음식으로, 그리고 배고픔에서 풍요한 역사가 일어남입니다.

공산주의자들은 종교를 비판할 때 비현실성을 비판합니다. 야고

보서 2장 15~17절에 나오는 말씀처럼 15절 "만일 형제나 자매가 헐벗고 일용할 양식이 없는데", 16절 "너희 중에 누구든지 그에게 이르되 평안히 가라, 덥게 하라, 배부르게 하라 하며 그 몸에 쓸 것을 주지 아니하면 무슨 유익이 있으리요", 17절 "이와 같이 행함이 없는 믿음은 그 자체가 죽은 것이라"고 했습니다.

그러나 예수님은 공생애를 시작하면서 분명히 밝히셨습니다. 누가복음 4장 18~19절에서 18절 "주의 성령이 내게 임하셨으니 이는 가난한 자에게 복음을 전하게 하시려고 내게 기름을 부으시고 나를 보내사 포로된 자에게 자유를, 눈 먼 자에게 다시 보게 함을 전파하며 눌린 자를 자유롭게 하고", 19절 "주의 은혜의 해를 전파하게 하려 하심이라"고 했습니다.

이처럼 예수님은 공허한 말씀을 전하신 것이 아닙니다. 누가복음 6장 20절에서 "가난한 자는 복이 있나니 하나님 나라가 너희 것임이요"라고 했고, 누가복음 7장 11~17절에서 죽은 나인 성의 과부의 아들을 살리셨습니다. 뿐만 아니라 오병이어로 5천 명을 먹이시고 12광주리가 남기도 했습니다.

이처럼 오늘 엘리사가 베푼 4가지 기적은 하나님께서 죽음에 있는 자에게 생명을 주시는 하나님이시고, 희망이 없는 사람들에게 희망이 넘치는 삶을 주시는 하나님임을 보여주고 있습니다.

첫째, 가난한 상황에서 빚을 갚기에 충분한 부요로(1~7절)

■ 1절을 보면 하나님을 경외했던 남편이 죽고 빚만 남겼다고 말

하고 있습니다. 그리고 그 빚 때문에 돈을 빌려준 사람이 자신의 아들을 종으로 삼으려 한다는 죽은 선지자 생도 부인의 안타까운 부르짖음입니다.

① 출애굽기 21장에 보면 빚을 갚지 못하면 노예가 되는 채무노예제도를 볼 수 있습니다.

② 그래서 아모스 2장 6절에서 은을 받고 의인을 노예로 팔고, 신 한 켤레를 받고 노예로 파는 것을 말하고 있습니다.

■ 2절에서 선지자 생도의 부인이 얼마나 극심하게 가난했는지를 보여주고 있습니다. "……내가 너를 위하여 어떻게 하랴 네 집에 무엇이 있는지 내게 고하라 그가 이르되 계집종의 집에 기름 한 그릇 외에는 아무것도 없나이다"라고 했습니다. 즉 이 과부에게 남겨진 유산은 작은 기름 그릇 하나밖에는 없다는 것입니다.

■ 3~7절에 보면

① 엘리사는 밖에 나가서 빈 그릇을 빌리라고 했습니다. 그것도 최선을 다해 빌릴 수 있는 것은 다 빌리라고 했습니다.

② 그리고 두 아들과 함께 문을 닫고 집에 들어가서 남은 그 기름을 빈 그릇에 부으라고 했습니다. 그랬더니 그릇에 들어있는 기름이 끝나지 않고 빈 그릇에 다 채워지는 기적이 일어난 것입니다.

③ 그런데 중요한 사실은 이러한 기적이 일어나는데 바로 그 장소에 엘리사는 없었다는 것입니다. 이 말은 선지자의 말씀에는 기적을 일으키는 능력이 있다는 것입니다.

④ 엘리사는 빈 그릇에 기름이 다 채워졌다는 소식을 듣고 말

하기를 “너는 가서 기름을 팔아 빚을 갚고 남은 것으로 너와 네 두 아들이 생활하라” 고 했습니다.

■ 여기서 하나님은 하나님의 백성들이 먹고 사는 것까지도 잘 아시고 공급하시는 하나님이심을 알 수 있습니다. “자기 아들을 아끼지 아니하시고 우리 모든 사람을 위하여 내주신 이가 어찌 그 아들과 함께 모든 것을 우리에게 은사로 주시지 아니하겠느냐”(롬 8:32)라고 했습니다.

둘째, 죽음에서 생명으로(8~37절)

■ 8절에서, 엘리사가 길 가던 중에 수넴에 들르게 되었습니다. 그때 한 여인이 엘리사를 초청해서 음식을 대접했습니다. 그래서 엘리사가 수넴을 지날 때마다 그 집에서 음식을 대접받았습니다.

■ 9~11절에 보면 수넴 여인이 엘리사가 거처할 방을 만든 것을 알 수 있습니다.

① 남편에게 엘리사가 거룩한 하나님의 사람이라고 소개했습니다.

② 그리고 작은 방을 지어서 엘리사가 수넴에 오면 거기서 머물도록 하자고 했습니다. 그래서 실제로 방을 지었습니다.

③ 엘리사가 그 방에 머문 것을 알 수 있습니다.

④ 지금과는 달리 엘리사 시대나 예수님 시대에 복음 전파자들이 타지에 갔을 때 머물 곳이 많지 않았습니다. 그래서 베다니에 사는 마리아, 마르다 가정이 예수님을 영접한 것에 대해

서 예수님께서 사랑하는 가정이라고 성경은 표현하고 있습니다. 또한 요한3서에서 "가이오"가 칭찬받은 것은 5절에서 "사랑하는 자여 네가 무엇이든지 형제 곧 나그네 된 자들에게 행하는 것이 신실한 일이니"라고 했습니다.

⑤ 이처럼 복음 전하는 자들에게 편의를 제공하는 일은 귀한 일입니다.

■ 12~17절에서, 엘리사는 편의를 제공하는 수넴 여인에게 무엇인가를 베풀기를 원했습니다.

① 그래서 "내가 너를 위하여 무엇을 하랴 왕에게나 사령관에게 무슨 구할 것이 있느냐"고 물었습니다. 그러나 수넴 여인은 "나는 내 백성 중에 거주하나이다"라고 하면서 다른 사람의 도움을 거절했습니다.

② 엘리사는 사환인 게하시에게 수넴 여인에게 부족한 것이 무엇인가를 살피게 했습니다. 그때 사환은 수넴 여인에게 "자식"이 없음을 말했습니다.

③ 엘리사는 수넴 여인에게 "한 해가 지나 이때쯤에 네가 아들을 안으리라"고 했습니다. 이때 여인은 "하나님의 사람이여 당신의 계집종을 속이지 마옵소서"라고 했습니다.

④ 엘리사의 말씀대로 여인은 아들을 출산하게 되었습니다.

⑤ 여기서 하나님은 복음 전파자를 통해서 선한 일을 하는 자의 가정에 가장 필요한 복을 내려주시는 것을 볼 수 있습니다.

■ 19~20절에서, 이처럼 기적적으로 태어난 아들이 어느 날 갑자기 "내 머리야 내 머리야" 하면서 죽었던 것입니다. 성서학자들

은 일사병으로 인한 뇌염으로 보고 있습니다.

■ 21~24절에서, 수넴 여인은 죽은 아이를 엘리사가 묵는 침상 위에 두고 나와서 그 길로 남편이 만류함에도 불구하고 사환과 함께 나귀 한 마리를 타고 갈멜 산에 있는 엘리사에게로 갔던 것입니다.

■ 25~31절에서,

① 여인은 엘리사를 만났습니다. 그리고 엘리사의 발을 안았습니다. 발을 안거나 그 앞에 무릎을 꿇는 것은 아주 간절한 소원을 의미하는 것입니다.

② 그리고 수넴 여인은 말하기를 "내가 내 주께 아들을 구하더이까 나를 속이지 말라고 내가 말하지 아니하더이까" 라고 했습니다. 여기서 여인은 자기 아들이 죽었다고 직접적으로 말하지는 않았지만 교양있게 간접적으로 아들의 죽음을 말하고 있습니다.

③ 이때 엘리사는 사환인 게하시에게 '내 지팡이를 들고 수넴에 있는 여인의 집에 가서 그 아이의 얼굴에 이 지팡이를 놓으라' 고 했습니다. 그러면서 가는 중에 사람을 만나거든 인사도 말고, 오직 앞만 쳐다보고 수넴으로 가라고 했습니다.

④ 그러나 여인은 엘리사에게 간절히 요청합니다. "여호와께서 살아 계심과 당신의 영혼이 살아 계심을 두고 맹세하노니 내가 당신을 떠나지 아니하리이다" 라고 했습니다. 이 말은 엘리사 선지자가 자신의 죽은 아이에게 와야 한다는 요청인 것입니다.

⑤ 그래서 엘리사는 게하시를 먼저 수넴에 보내놓고 뒤따라

갔던 것입니다.

⑥ 그리고 수넴에서 게하시를 만나니, 말하기를 지팡이를 놓아도 아무 기척이 없다고 했습니다.

⑦ 지팡이는 한 사람의 인격을 드러내는 소장품이기도(창 38:18) 하고, 또한 엘리사의 능력을 지닌 물건이기도 하고, 일종의 마술 지팡이(출 4:1~7)일 수도 있습니다.

■ 32~37절에서

① 엘리사는 아이가 누워 있는 다락방에 들어가서 문을 닫고 기도했습니다.

② 그리고 아이 위에 올라가 입과 입, 눈과 눈, 손과 손을 대고 아이 위에 엎드렸습니다. 그러기를 두 번 했습니다.

③ 그랬더니 아이가 일곱 번 재채기를 하고 눈을 떴습니다. 여기서 일곱 번 재채기를 했다는 것은 그의 영혼과 호흡이 돌아왔다는 뜻입니다.

④ 아이가 살아난 것을 보고 여인은 땅에 엎드려 엘리사에게 절했습니다. 그리고 아들을 받았습니다. 즉 하나님의 은혜와 기적에 감사하고 경외하는 것을 볼 수 있습니다.

셋째, 굶주림에서 풍요로(38~44절)

■ 38~41절은 세 번째 기적을 말씀하고 있습니다.

① 먼저 엘리사는 길갈에 있는 선지자 생도들이 있는 곳으로 갔습니다. 그 당시 선지학교는 벧엘과 라마(삼상 19:19~20), 여

리고(왕하 2:5), 길갈(왕하 4:38)에 있었습니다. 그리고 길갈에 있는 생도 수는 100명 정도였습니다(왕하 4:43).

② "다시……이르니"라는 말을 보면 엘리사가 선지자 생도들이 있는 곳을 주기적으로 순회한 것으로 보입니다.

③ 이스라엘에 가뭄이 심해서 먹을 것이 부족했습니다. 그래서 큰솥을 걸고 선지자 생도를 위해서 국을 끓이고 있습니다.

④ 먹을 것이 없으니 들에 나가서 '들포도 덩굴'을 따서 솥에 넣었던 것입니다. 들포도 덩굴은 콜로신스(colocynth) 오이로 알려지고 있습니다.

⑤ 이것을 넣고 끓여서 먹었을 때 선지자 생도가 외치기를 "하나님의 사람이여 솥에 죽음의 독이 있나이다"라고 했습니다.

⑥ 그래서 엘리사는 '가루(밀가루)'를 솥에 넣었습니다. 그랬더니 독이 없어졌고 모두가 다 맛있게 먹었습니다.

⑦ 출애굽기 15장 22~26절에서 마라에 이르러 모세가 하나님의 말씀대로 한 나뭇가지를 넣었더니 쓴물이 단물로 변해서 마실 수 있는 물이 되었습니다.

⑧ 이처럼 하나님은 우리에게 필요한 것을 주시는 하나님이시고, 독이 있는 것은 해독해서 쓴물은 단물로 바꾸시는 하나님이십니다.

■ 42~44절에서, 네 번째 기적을 볼 수 있습니다.

① 한 사람이 처음 익은 식물인 보리떡 20개와 채소를 엘리사에게 드렸습니다(신 18:4). '처음 거둔 곡식과 포도주와 기름과 네가 처음 깎은 양털을 하나님의 사람에게 바치라'고 했

습니다.

② 엘리사는 선지자 생도들에게 주어 먹게 하라고 했습니다.

③ 이때 게하시는 "떡 20개로 어떻게 100명을 먹일 수 있나이까?" 라고 했습니다. 그러나 엘리사는 말하기를 "여호와의 말씀이 그들이 먹고 남으리라 하셨느니라" 라고 했습니다.

④ 그래서 보리떡 20개로 나누었더니 하나님의 말씀대로 무리가 다 배불리 먹고 남는 기적의 역사가 일어난 것입니다. 마치 마태복음 14장 15~21절에 나오는 오병이어의 기적, 5천 명이 배불리 먹고도 12 광주리가 남은 것과 같습니다.

⑤ 진실로 하나님은 우리의 먹을 것을 공급하시는 하나님이십니다.

…결론

우리는 하나님에 대해서 잘 알아야 합니다. 하나님은 죽음에서 생명으로, 희망이 없는 자리에서 희망이 넘치는 현실로 바꾸어주시는 분입니다. 하나님은 우리에게 생명을 주시는 분이고, 이 시간에도 우리의 생명을 지켜주시는 분입니다. 또한 하나님은 우리의 먹을 것, 입을 것 등 필요한 것을 공급하시는 하나님이십니다. 그러나 항상 하나님께 구하고, 찾고, 문을 두드려서 하나님으로부터 풍성한 응답받으시기를 바랍니다.

그리고 우리가 알아야 할 사실은 수넴 여인이 하나님의 사람 엘리사를 잘 모셨을 때, 아기를 갖지 못했던 여인이 아들을 낳고, 뇌염으로 죽었던 아들이 다시 사는 생명의 역사를 체험했다는 것입니다.

성도 여러분, 하나님은 우리에게 필요한 모든 것을 공급하시는 분이심을 믿고 하나님께 늘 기도하며 사시기를 바랍니다. 그리고 하나님의 복을 우리에게 전해주는 하나님의 사람들을 선대(善待)하셔서 뜻하지 않은 하늘의 축복을 받으시기를 바랍니다.

나아만의 치유

열왕기하 5:1~27

이스라엘과 북쪽에 위치한 아람(시리아)의 사이는 겉으로 평화롭지만 속으로는 그렇지 못한 상태였습니다. 열왕기상 20장에서 1, 2차 아람과 북이스라엘간의 전쟁에서는 북이스라엘이 승리를 거두었습니다. 그런데 이때 아합은 당연히 아람 왕 벤하닷 2세를 죽였어야 하는데 그를 풀어주었습니다(왕상 20:34).

그리고 3년 뒤에 북이스라엘의 아합 왕은 아람이 돌려주기로 약속했던 "길르앗 라못" 지역을 돌려받기 위해서 아람과 전쟁을 하였습니다. 그런데 여기서 아합 왕이 죽었던 것입니다. 이렇게 해서 아람과 북이스라엘 사이에 더 이상 전쟁은 없었지만 내막을 살펴보면 매우 불편한 관계였습니다.

바로 이런 때에 아람 나라의 군대장관 나아만이 문둥병에 걸려서 북이스라엘에 와서 치유받는 기적이 일어났습니다. 또한 림몬 신을 섬기던 나아만이 자기를 치유하신 여호와 하나님을 섬기겠다는 신앙고백을 하였습니다. 여기서 하나님은 이스라엘 백성만의 하나님이 아니고 만민의 하나님이심을 보여주셨습니다. 이러한 하나님의 역사가 일어나고 하나님께만 영광을 돌리는 때에 엘리사의 사환인 게하시가 탐욕을 부립니다. 그래서 나아만이 걸렸던 문둥병이 게하시에게 옮겨지기에 이릅니다.

첫째, 치유받는 나아만(1~14절)

■ 1절에 보면 아람의 군대장관 나아만에 대한 소개가 나옵니다.

① "그의 주인 앞에서 크고 존귀한 자"라고 했습니다. 이 말은 왕의 절대적 신임을 받는 인물이요, 동시에 권력의 실세라는 말입니다.

② "이는 여호와께서 전에 그에게 아람을 구원하게 하셨음이라"고 했습니다. 즉 나아만은 국가의 운명이 걸린 큰 전쟁에서 승리를 거둔 장수입니다.

③ 그리고 나아만이 하나님을 알기도 전에 하나님은 이미 그와 함께하시고 은혜를 베푸셨다는 것입니다.

④ 바로 모든 것을 갖춘 나아만이 치명적인 병에 걸렸는데 그 병은 바로 문둥병이었습니다.

⑤ 그 당시에는 문둥병을 '천형'이라고 여겼고 그 병에 걸리면 격리될 수밖에 없었습니다(예 : 웃시야 왕).

■ 2~5절에서 문둥병에 걸린 나아만에게 희망의 길이 보이는 것을 알 수 있습니다.

① 북이스라엘과의 전쟁에서 포로로 잡아온 이스라엘인 여자 아이입니다. 이 여자 아이는 나아만의 부인에게 수종들고 있었습니다.

② 이 여자 아이가 여주인에게 말하기를 '우리 주인이 사마리아에 계신 선지자 앞에 계셨으면 좋겠나이다. 그러면 그 선지자가 주인의 문둥병을 고칠 것이라' 고 하였습니다.

③ 여기서 하나님이 보내신 선지자 "엘리사"가 아람 나라에 소개되고 있습니다.

④ 그래서 나아만은 아람 왕에게 자초지종을 이야기했습니다. 그랬더니 아람 왕이 나아만에게 가라고 하면서 이스라엘 왕에게 편지를 써 주었고, 은 10달란트와, 금 6천 개와 의복 10벌을 선물로 보냈습니다(금 6천 개는 68.4kg이고, 은 10달란트는 340kg에 해당되는 양).

⑤ 여기서 아람 왕은 어떤 대가를 지불하고서라도 나아만 장군을 고쳐주고 싶었던 것을 알 수 있습니다.

■ 6~7절에서

① 6절에서 이스라엘 왕 여호람은 아람 왕의 편지를 받았습니다.

② 그리고는 자기 옷을 찢으며 '내가 하나님이냐 어찌 능히 사람을 죽이며 살릴 수 있으랴' 하면서 야단법석을 떨었습니다.

③ 그러면서 여호람 왕은 아람 왕이 이 일을 빌미로 전쟁을 벌

이려는 것으로 이해하였습니다.

④ 여기서 우리는 말하는 쪽과 듣는 쪽이 전혀 다른 생각을 가지고 있음을 알 수 있습니다. 아람은 이스라엘에서 도와주기를 바란 것뿐입니다. 그러나 이스라엘에서는 전쟁을 걸려는 것으로 이해하였습니다.

■ 10절에서 엘리사가 나서서 이 문제를 해결합니다.

① 엘리사는 여호람 왕이 옷을 찢었다는 소식을 듣고 사람을 왕에게 보냅니다. 그리고는 "왕이 어찌하여 옷을 찢었나이까?" 라고 했습니다.

② 즉 이 말은 '하나님이 보낸 선지자가 있음을 어찌 알지 못하느냐?' 는 것입니다.

③ 그리고는 '그 사람(나아만)을 나(엘리사)에게 보내라' 고 했습니다.

④ 그래서 나아만이 말들과 병거들을 거느리고 엘리사의 집으로 찾아갔습니다. 이것은 나아만의 높은 지위를 과시하는 것입니다.

⑤ 이때 엘리사는 자신이 나서지 않고 사환을 시켜서 말하기를 "너는 가서 요단 강에 몸을 일곱 번 씻으라 네 살이 회복되어 깨끗하리라" 고 했습니다. 이 말은 병을 치유하는 분은 자신이 아니라 하나님이시라는 뜻입니다.

■ 11~12절에서 나아만의 반응이 나옵니다.

① 나아만은 적어도 엘리사가 나와서 자기를 만나야 한다고 생각했습니다.

② 그리고 자신이 기대하는 대로 엘리사는 '여호와의 이름을 부르며 그의 손을 그 부위 위에 흔들어 병을 고쳐야 한다' 는 것입니다. 즉 자신이 생각한 방법대로 엘리사가 행해야 한다는 것입니다.

③ 또한 인종우월적인 편견을 가지고 말합니다. "다메섹 강 아바나와 바르발은 이스라엘 모든 강물보다 낫다" 는 것입니다.

④ 여기서 나아만은 신체적인 문둥병 외에 하나님을 무시하는, 그리고 다른 사람을 무시하는 교만한 병이 들었음을 알 수 있습니다.

⑤ 그래서 나아만은 몸을 돌이켜 분한 모양으로 엘리사의 집을 떠납니다.

■ 13~14절에서 나아만의 종들이 나아만에게 말하기를

① 선지자가 더 큰 일을 행하라고 해도 그 일을 행할 터이니 강에 내려가서 일곱 번 씻는 일을 하자고 합니다.

② 그래서 나아만이 엘리사의 지시대로 요단 강에 일곱 번 씻고 나니 그 즉시로 피부가 깨끗해져서 어린 아이의 피부같이 되었습니다. 즉 문둥병이 치유된 것입니다.

③ 여기서 중요한 것을 보여줍니다. 그것은 하나님의 말씀대로 순종하는 자에게 기적이 일어나고 축복이 내려진다는 것입니다. 기적은 인간의 방법이 아니라 하나님의 방법에 의해서 나타납니다.

둘째, 회심하는 나아만(15~19절)

■ 15절에서

① 나아만이 병에서 치유받아서 회복되었을 때 나아만은 엘리사에게로 돌아갔습니다(shub).

② 그리고 나아만은 그동안 우월적인 지위를 과시하던 자리에서 내려와서 겸손하게 말합니다. "내가 이제 이스라엘 외에는 온 천하에 신이 없는 줄을 아나이다"라고 했습니다.

③ 그리고 나아만은 엘리사에게 선물을 건넸습니다.

■ 16절에서 엘리사는 나아만이 건네는 선물을 거절하였습니다.

① 나아만의 치유는 하나님의 값없는 선물이라는 것입니다.

② 그리고 하나님의 선물들은 값으로 매겨질 수 없다는 것입니다(예 : 행 8:18~24).

■ 17~19절에서 나아만의 두 번째 제안을 볼 수 있습니다.

① 온 천하에 오직 한 분뿐인 하나님을 섬기기 위해서 두 마리의 노새에 실을 이스라엘 땅의 흙을 요청한 것입니다.

② 180도로 나아만이 변한 것입니다. 전에는 이스라엘의 강인 요단 강을 멸시했던 나아만이 이제는 하나님의 백성들이 사는 이스라엘 땅의 흙을 취하기를 원한다는 것입니다.

③ 하나님은 영토에 결속되어 있다는 생각을 하고 있는 것입니다.

④ 나아만이 두 번째로 부탁하는 것은 자신에게 충성의 대상이 둘이 되었다는 것입니다. 그전까지는 오직 아람 왕 한 명뿐

이었는데 이제는 아람 왕과 하나님이라는 것입니다. 그래서 나아만은 자신의 지위상 아람 왕과 함께 아람 사람이 섬기는 신 림몬에게 들어가서 절할 수밖에 없는 처지에 대해서 하나님과 엘리사가 이해해 주시고 또 용서해 주실 것을 요청했습니다.

⑤ 바로 이러한 제안에 대해서 엘리사는 엄격하게 순결을 지키라는 말은 하지 않았고, 다만 "평안히 가라"고 했습니다. 즉 이 말은 나아만이 타협하는 것을 승인한 것도 아니고, 또 심판하지도 않았습니다. 다만 나아만이 최선을 다해서 하나님을 섬기도록 한 것입니다.

셋째, 게하시의 사기 행각(20~27절)

■ 20절에서 게하시(엘리사의 사환)의 탈선을 볼 수 있습니다. 엘리사는 16절에서 "절대로 선물을 받지 않는 모습"을 보인 반면, 20절에서 게하시는 그 반대로 선물을 취하려고 합니다.

■ 21~23절에서 구체적인 게하시의 탈선을 볼 수 있습니다.

① 게하시는 나아만의 뒤를 쫓아가서 만납니다. 그리고 "평안하냐"라고 묻습니다. 그것은 반대로 엘리사가 기원한 평안을 깨는 것임을 알 수 있습니다.

② 게하시는 거짓말로 엘리사가 에브라임에서 온 선지자 생도에게 은 한 달란트와 옷 두 벌을 주라고 했다는 것입니다.

③ 이에 대해서 나아만은 은 두 달란트와 옷 두 벌을 게하시에

게 주었습니다.

■ 24절에서 게하시는 나아만에게 받은 은 두 달란트와 옷 두 벌을 자기 집에 감추었습니다.

■ 25~27절에서

① 게하시의 탐심과 거짓말이 탄로가 났습니다.

② 즉 거짓말과 탐심은 하나님 앞에서 속일 수가 없습니다.

③ 엘리사는 게하시에게 하나님의 치유와 회심의 역사에는 인간의 탐욕이 들어갈 수 없음을 분명하게 교훈합니다.

④ 그래서 나아만은 하나님의 말씀에 순종해서 문둥병에서 나음을 입었지만 게하시는 탐욕으로 하나님의 말씀에 불순종함으로 벌을 받아 문둥병자가 되었음을 밝히고 있습니다.

…결론

인간은 세상적인 모든 것을 가지고 있어도 그 모든 것을 일순간에 잃어버릴 수 있습니다. 예를 들어 바벨탑 사건, 또는 최근 일본의 지진 등입니다. 그런데 우리의 모든 것을 일순간에 잃게 하는 것 중에서 대표적인 것이 죽음입니다. 그 죽음은 바로 죄 때문에 오는 것입니다. 죄의 삯은 사망이기 때문입니다.

마찬가지로 나아만은 모든 것을 누리고 있었지만 문둥병으로 모든 것을 잃어버릴 처지에 놓였습니다. 바로 이 죽음의 자리, 멸망의 자리에서 건짐받는 복된 소식이 이스라엘에서 잡아온 여자 종에게서 나왔습니다. 나아만은 그 복음의 소식대로 하나님이 보내신 선지자 엘리사에게 갔습니다. 처음에는 우월감과 교만으로 대항했지만 나중에는 하나님의 말씀에 순종해서 일곱 번 요단 강물에 몸을 담금으로 하나님의 은혜를 받아 문둥병에서 나음을 입었습니다. 이처럼 은혜받고 난 뒤에 이방인 나아만은 하나님만을 섬기겠다는 신앙고백을 했습니다.

성도 여러분, 우리를 죽음으로 몰고 가는 죄로부터 해방받는 길은 오직 내 죄를 사해주시러 오신 예수 그리스도에게로 가야 합니다. 그리고 예수 그리스도 앞에 내 방법, 생각, 교만을 내려놓고 예수님의 말씀에 순종할 때, 거기에 치유의 기적이 일어나는 것입니다.

성도 여러분, 무거운 짐을 지고 있습니까? 예수 그리스도에게로 나와서 무거운 짐을 내려놓으시고 치유 받으시기를 바랍니다. 그래서 새롭게 되는 체험과 축복을 받으시기를 바랍니다.

엘리사의 능력

열왕기하 6:1~23

시편 104편 1절에 보면 "내 영혼아 여호와를 송축하라 여호와 나의 하나님이여 주는 심히 위대하시며 존귀와 권위로 옷 입으셨나이다"라고 했습니다. 또한 열왕기상 8장 23절에서 솔로몬은 고백하기를 "이스라엘의 하나님 여호와여 위로 하늘과 아래로 땅에 주와 같은 신이 없나이다"라고 했습니다. 8장 27절에서는 "하나님이 참으로 땅에 거하시리이까 하늘과 하늘들의 하늘이라도 주를 용납하지 못하겠거든 하물며 내가 건축한 이 성전이오리이까"라고 했습니다.

여기서 하나님은 아주 크신 분이요, 심히 광대하신 분이심을 알 수 있습니다. 또한 하나님은 마태복음 6장 26절에서 "공중의 새를 보라 심지도 않고 거두지도 않고 창고에 모아들이지도 아니하되 너희 하늘 아버지께서 기르시나니……"라고 했습니다. 또한 6장 30절에서 "오늘 있다가 내일 아궁이에 던져지는 들풀도 하나님이 이렇게 입히시거든 하물며 너희일까 보냐"라고 하셨습니다. 또한 마태복음 25장 40절에서는 "……내가 진실로 너희에게 이르노니 너희가 여기 내 형제 중에 지극히 작은 자 하나에게 한 것이 곧 내게 한 것이니라"고 하였습니다.

이처럼 하나님은 거대한 우주만물을 이끌고 가는 분이시지만 동시에 하나님은 지극히 작은 자를 돌보시고 머리털 하나도 헤아리시는 분이심을 알 수 있습니다. 즉 하나님은 어떤 큰 문제도 능히 감당하시는 분이심과 동시에 나의 작은 신음에도 응답하시는 하나님이시라는 것입니다.

호세아 선지자는 이스라엘 백성에게 "하나님은 너희를 창조하시고 너희 생명을 지키시는 하나님임과 동시에 너희의 일용할 양식과 필요를 공급하시는 하나님이시라"고 말했습니다. 열왕기하 6장에서 역사하시는 하나님은 우리가 보기에는 엄청난 큰 문제인데 쉽게 해결하시는 것을 볼 수 있고, 동시에 작아 보이는 문제에도 관심을 가지고 해결하시는 하나님이심을 알 수 있습니다.

첫째, 물에 빠진 도끼를 떠오르게 함(1~7절)

■ 1절에 보면

① 선지자 엘리사는 여호와의 종들이 되고자 하는 선지 생도들과 함께 거하고 있었습니다.

② 그런데 엘리사에게 배우고자 하는 선지 생도들이 점점 늘

어나서 거하고 배우는 장소가 비좁게 됩니다.

③ 이 사실은 당시 우상숭배가 심한 시대임에도 불구하고 하나님의 일을 하겠다는 생도가 늘어나는 복된 소식입니다.

■ 2~4절에서 선지 생도들은 엘리사에게 요단으로 장소를 옮겨서 거기에 거할 처소를 크게 세우자고 했습니다. 그리고 엘리사에게 자기들과 함께 요단에 가자고 했습니다. 이렇게 해서 엘리사도 생도들과 함께 요단에 가게 되었습니다.

■ 5~7절에서

① 선지 생도들이 도끼로 나무를 베다가 그만 도끼날이 자루에서 빠져 물에 빠지게 되었습니다.

② 그런데 도끼날은 선지 생도의 것이 아니라 다른 사람에게 빌려온 것입니다.

③ 엘리사 시대에는 철 연장이 매우 귀하고 값이 비싸던 때입니다. 그래서 선지 생도의 형편으로는 돈 주고 살 수 없는 물건이었습니다. 그런데 이 도끼날이 물에 빠졌으니 선지 생도는 매우 당황하였고, 어려운 상황이 된 것입니다.

④ 이때 선지자 엘리사가 "어디 빠졌느냐"라고 하였고, 그곳을 안 다음 엘리사가 나뭇가지를 베어 물에 던졌더니 도끼가 물속에서 떠오른 것입니다.

■ 여기서 우리가 알아야 할 사실이 있습니다. 그것은

① 엘리사가 일하니 철이 나무처럼 떠오르고 나무는 쇠처럼 물속에 잠깁니다.

② 여기서 선지자 엘리사의 능력을 볼 수 있습니다.

③ 누가복음 1장 51~53절처럼 비천한 자가 존귀한 자가 되고, 누가복음 18장 9~14절처럼 불의한 자가 의롭다 함을 받고, 누가복음 15장 3~10절처럼 잃었던 자가 찾고 죽은 자가 살아납니다. 즉 선지자의 능력으로 나중된 것이 먼저 되는 역사가 일어난 것입니다.

④ 이처럼 하나님의 능력은 작은 도끼날도 물속에서 떠오르게 하면서 동시에 인생의 역전을 가져옵니다.

둘째, 아람의 습격자들(8~13절)

■ 8~10절에서

① 아람 왕은 군대를 이스라엘에 보내 국지적으로 공격을 감행하였습니다.

② 즉 선발대를 먼저 이스라엘 땅에 보내서 군사적 요충지를 차지하겠다는 것입니다.

③ 그런데 엘리사는 그 사실을 알고 그때마다 이스라엘 왕에게 아람의 군사 계획을 알려주었습니다.

④ 이러한 사실을 들은 이스라엘 왕은 아람의 습격자들이 오는 길목에 군대를 배치했습니다. 그래서 올 때마다 승리를 거두었습니다.

⑤ 이렇게 되니 아람 왕은 고민에 빠지게 되었습니다. 왕과 핵심 참모 몇 명이 극비리에 계획을 세우고 실행하였는데 어떻게 이스라엘이 미리 알고 수비대를 세울 수 있었느냐는 것입

니다. 이 말은 우리 안에 스파이가 있느냐는 것입니다.

■ 11~13절에서

① 아람 왕은 이러한 일에 대해서 신하들에게 어찌된 일이냐고 물었습니다.

② 아람의 신하들은 왕에게 대답하기를 오직 이스라엘의 선지자 엘리사는 왕이 침실에서 하신 말씀이라도 알 뿐만 아니라 그 사실을 이스라엘 왕에게 알려서 미리 대비하고 있다는 것입니다.

③ 다니엘 2장에서 느부갓네살 왕이 밤에 꾼 꿈을 바벨론의 수많은 박사들은 알 수 없었습니다. 그러나 하나님은 다니엘에게 느부갓네살 왕의 꿈을 알려주셨고 동시에 내용도 해석해주신 것입니다.

④ 인간의 생각과 행동은 하나님 앞에 다 드러납니다. 즉 성령으로 말미암아 모든 것을 알게 됩니다.

■ 13절에서 이렇게 번번이 이스라엘 침공이 실패하자 아람 나라는 정책을 바꾸어서 먼저 엘리사를 잡으려고 합니다. 아람 왕은 하나님의 능력을 아직도 알지 못하고 있습니다.

셋째, 하나님께서 아람을 물리치심(14~23절)

■ 14절에서

① 아람 군대가 말과 병거와 군사를 보내서 엘리사가 머물고 있는 '도단 성'을 에워쌌습니다.

② 사실 하나님의 능력을 알았으면 하나님과 대결해서는 안 되는 것입니다. 그러나 대결하는 아람 군대입니다.

■ 15절에서 엘리사를 돕는 사환이 아침에 일찍이 나가보니 아람 군대의 장군들과 군사들이 도단 성을 에워싼 것을 보았습니다. 그러니 엘리사의 사환도 두려울 수밖에 없었습니다.

■ 16~17절에서

① 엘리사는 사환에게 "두려워하지 말라 우리와 함께한 자가 그들과 함께한 자보다 많다"라고 했습니다.

② 또한 엘리사는 하나님께 기도하였습니다. '하나님이여, 사환의 눈을 열어서 하나님의 군대를 보게 하소서' 라고 하였습니다.

③ 이렇게 해서 사환의 눈이 열려 하나님의 군대인 불병거와 불말이 산에 가득하고, 하나님의 선지자 엘리사를 둘러싸고 있는 것이 보였습니다.

④ 포위당한 것은 엘리사가 아니라 아람 군대였던 것입니다.

⑤ 이처럼 하나님은 하나님의 백성을 지켜주시고 보호해 주십니다. 소돔을 심판하실 때 롯을 구해내셨습니다. 마태복음 14장 22~33절에서는 바다에서 바람으로 말미암아 일어나는 물결로 배에 타고 있던 제자들이 고난을 당했을 때 예수님은 밤 사경에 바다 위로 걸어서 오셔서 제자들을 건져내신 것을 알 수 있습니다.

⑥ 우리는 이 세상을 살면서 우리가 가진 문제보다 더 크신 하나님을 보아야 하고, 언제나 하나님의 군대가 나를 지켜주심

을 보아야 합니다.

■ 18~19절에서 엘리사는

① 둘러싼 아람 군대의 눈을 어둡게 해달라고 하나님께 기도드렸습니다.

② 하나님은 엘리사의 기도대로 아람 군대의 눈을 어둡게 했습니다.

③ 그리고 엘리사는 눈이 어둡게 된 아람 군대를 이끌고 사마리아 성 안으로 들어가게 했습니다.

■ 20~23절에서

① 아람 군대가 사마리아 성 안으로 들어갔을 때 엘리사는 하나님께 기도드렸습니다. "이 무리의 눈을 열어서 보게 하옵소서" 라고 말입니다.

② 이렇게 해서 아람 군대가 눈을 뜨니 자신들이 사마리아 성 한가운데 있음을 발견한 것입니다.

③ 이것을 보고 이스라엘 왕 여호람은 "내 아버지여 내가 치리이까? 내가 치리이까?" 라고 했습니다. 여기서 여호람 왕은 엘리사를 아버지라고 불렀습니다. 열왕기하 13장 14절에서는 이스라엘 왕 요아스가 엘리사를 "내 아버지여 내 아버지여" 라고 불렀습니다. 선지자를 존경하는 말로 "내 아버지여" 라고 부른 것을 알 수 있습니다. 또한 두 번씩이나 "내가 치리이까" 라고 한 것은 전쟁 포로들을 죽이려고 안달이 난 것을 보여줍니다.

④ 이와 같이 안달이 난 이스라엘 왕을 엘리사가 가로막았습니다. 그러면서 칼과 활로 사로잡은 자라도 함부로 죽여서는

안 되거늘 어찌 하나님의 능력으로 잡은 포로들을 죽이려고 하느냐고 했습니다. 죽여서는 안 된다는 것입니다.

⑤ 엘리사는 포로들을 처형하는 대신 먹을 것을 주어서 많이 먹고 마시게 하라고 했습니다. "네 원수가 배고파하거든 먹이고 목말라하거든 물을 마시게 하라"(잠 25:21; 롬 12:20).

⑥ 엘리사는 이렇게 해서 아람 군대에게 하나님의 능력과 사랑을 보여주려 했던 것입니다.

■ 아람 군대의 침입을 막아내고 승리한 이야기는

① 전쟁의 승리는 군대에 있는 것이 아니라 하나님에게 있다는 것입니다.

② 엘리사가 결정적인 정보를 제공해서 이스라엘은 승리를 거두었고, 막강한 아람 군대는 패했던 것입니다.

③ 아람 나라 왕도, 앗수르 왕도, 바벨론 왕도 하나님의 역사를 막을 수는 없었습니다. 오직 하나님만이 역사를 주관하시고 오직 하나님 한 분만이 하나님의 백성을 지켜주시고 인도하십니다.

…결론

하나님은 아주 작은 일인 물에 빠진 도끼를 나뭇가지를 물에 넣어서 물 위로 떠오르게 하시면서 하나님의 독특한 역사인 "나중 된 자가 먼저 되고 먼저 된 자가 나중 되는 것"을 행하시는 것을 알 수 있습니다. 또한 사환의 눈을 열어 "두려워하지 말라. 우리와 함께한 자가 그들과 함께한 자보다 많으니라"고 하시면서 하나님께서 자기 백성을 보호하시고 지켜주시는 것을 알게 하셨습니다.

또한 전쟁의 승리는 칼과 창과 군대에 있는 것이 아니라 하나님에게 있으며 하나님께서 역사를 주관하시는 분임을 알게 했습니다. 그러니 우리는 우리를 사랑하시고 택하신 하나님을 언제나 의지해야 합니다. 기도해야 합니다. 기도할 때 기적이 일어나고 눈이 열려서 하나님의 역사를 분명하게 볼 수 있습니다. 그리고 승리할 수 있습니다.

사마리아 성의 포위와 구원

열왕기하 6:24~7:20

인생을 살아가노라면 위기는 언제든지 찾아온다는 것을 압니다. 아브라함이 갈대아 우르를 떠나서 가나안 땅에 도착했을 때 첫 번째 찾아온 위기가 기근이었습니다. 또한 이스라엘 백성들이 430년간 애굽의 노예생활을 끝내고 출애굽한 후 홍해를 육지같이 건넌 뒤에는 사흘 길을 걸어도 먹을 물을 얻지 못했습니다.

이처럼 하나님을 섬기는 사람이든 그렇지 않든 생각지 않은 위기가 인생길에는 꼭 있습니다. 이 위기 앞에서 어떻게 행동하느냐가 중요합니다. 호세아 13장 3절, 누가복음 3장 17절에서 말씀하기를 위기 때에 '쭉정이는 광풍에 날리우고 알곡은 안으로 모아둔다' 라고 했습니다. 그래서 다윗은 위기를 만났을 때 더욱더 하나님을 의지했습니다. 그러나 사울 왕은 위기를 만났을 때 끝까지 하나님을 의지하지 않았고, 드고아에 있는 무당에게 찾아간 것을 알 수 있습니다.

오늘 본문에서는 북이스라엘이 뜻밖에 위기를 만나게 되었습니다. 그것은 아람 군대가 북이스라엘의 수도인 사마리아 성을 포위한 것입니다. 이 일로 인해 사마리아 성 안은 먹을 것이 떨어졌습니다. 그래서 윤리적으로 도저히 생각할 수 없는 일들이 벌어졌습니다.

바로 이런 위기 앞에서 북이스라엘의 왕 여호람과 그의 신하의 자세와 하나님의 종, 선지자 엘리사의 자세가 너무나도 극명한 차이를 보이고 있습니다. 여기서 우리는 위기 때에 어떤 자세를 취해야 하는가를 배울 수 있습니다.

첫째, 사마리아 성의 포위(24~33절)

■ 24~25절에 보면

① 아람 왕 벤하닷이 "그의 온 군대를 모아" 사마리아에 왔다고 했습니다. 즉 엄청난 수의 군대로 북이스라엘의 수도 사마리아 성을 겹겹이 에워쌌습니다. 그리고 옛날 전쟁의 특징대로 장기전에 들어갔습니다.

② 이렇게 되어 사마리아 성중의 백성들은 바깥에서 물자를 공급받을 수가 없게 되었습니다. 그러니 성 안의 음식은 거의 다 떨어졌고 남아 있는 음식은 천정부지로 값이 올랐습니다. 그래서 나귀 머리 하나에 은 80세겔이었고, 합분태(개역한글) 사분의 일갑에 은 5세겔이었습니다. 여기서 합분태는 비둘기

의 배설물이라고 하지만 야생 완두콩을 가리키는 것으로 생각됩니다.

③ 이러한 위기는 하나님의 은혜를 받아서 아람과의 국지전쟁에서 늘 승리를 거두었던 이스라엘이 은혜를 망각하고 우상숭배에 깊이 빠져 있는 영적 죄악을 향한 하나님의 진노라고 할 수 있습니다.

■ 26~30절에서는

① 위기 앞에서 이스라엘의 절망적인 상황을 보여주고 있습니다.

② 왕이 성 위를 지나갈 때에 한 여인이 외치기를 "나를 도와달라" 고 하였습니다.

③ 이에 대해서 왕은 "여호와께서 너를 돕지 아니하시면 내가 무엇으로 너를 도우랴" 고 했습니다.

④ '타작마당으로 하겠느냐 포도주 틀로 하겠느냐?' 라고 했습니다. 이 말은 하나님께서 도와주시지 않고 있다는 것입니다. 즉 여기서 왕은 이스라엘 왕으로서 책임을 회피하고, 모든 책임을 하나님께 돌리는 무책임한 자세를 볼 수 있습니다. 즉 위기 앞에서 하나님을 대적하는 것입니다.

⑤ 여인은 이웃 여인과 서로의 자식을 먹기로 하고 먼저 자기 자식을 삶아 먹었는데 그 후에 이웃 여인이 자신의 아이는 숨겨두고 내놓지 않는다는 하소연이었습니다. 레위기 26장 27~29절에서 하나님께 대항할 때 하나님은 "너희가 아들의 살을 먹을 것이요 딸의 살을 먹을 것이며" 라고 했습니다. 신명

기 28장 52~53절에서도 "네가 적군에게 에워싸이고 맹렬한 공격을 받아 곤란을 당하므로 네 하나님 여호와께서 네게 주신 자녀 곧 네 몸의 소생의 살을 먹을 것이라"고 했습니다.

⑥ 왕은 이 끔찍한 이야기를 듣고 자신의 옷을 찢고 비명을 질렀습니다. 이것은 자신의 죄를 뉘우치는 행위가 아니라 슬픔을 표시하는 행위였습니다.

■ 31절에서 왕은 "사밧의 아들 엘리사의 머리가 오늘날 그 몸에 붙어 있으면 하나님이 내게 벌 위에 벌을 내리실지로다"라고 했습니다.

① 여기서 왕은 모든 끔찍한 현실의 책임을 엘리사에게 돌리고 있습니다.

② 그것은 지금까지는 엘리사가 아람의 공격을 미리 알려주었는데 왜 이번에는 알려주지 않았느냐는 것입니다.

③ 지난번에 아람 군사들이 사마리아 성내에서 붙잡혔을 때 죽어야 했는데 엘리사가 못 죽이게 해서 죽이지 못했습니다. 열왕기하 6장 22절에 대한 항의입니다.

■ 32~33절에서 엘리사는 이러한 여호람(요람) 왕의 생각을 알고 다음과 같이 말했습니다.

① "살인한 자의 아들이 내 머리를 베려고 사람을 보내는 것을 보느냐 너희는 보다가 사자가 오거든 문을 닫고 문 안에 들이지 말라"고 했습니다. 여기서 살인자의 아들이란 아합과 이세벨의 아들인 여호람 왕을 가리키는데, 아합과 이세벨은 하나님을 섬기는 사람들을 수없이 죽였습니다.

② 여호람 왕은 "이 재앙이 여호와께로부터 나왔으니 어찌 더 여호와를 기다리리요"라고 했습니다.

③ 여기서 하나님을 떠난 여호람 왕은 위기 앞에 무기력하고 무능한 것을 볼 수 있습니다.

둘째, 사마리아 성을 구원하시는 하나님(7:1~2)

■ 1절에서 엘리사는 하나님의 말씀을 대언하였습니다.

① "여호와께서 이르시되 내일 이맘때에 사마리아 성문에서 고운 밀가루 한 스아를 한 세겔로 매매하고 보리 두 스아를 한 세겔로 매매하리라"고 했습니다.

② 즉 엘리사는 위기 속에 있는 사마리아 성을 하나님께서 구원하신다는 것을 대언하였습니다. 가장 절망적인 상황에서 하나님의 구원을 선포하는 하나님의 사람 엘리사입니다(예 : 사도행전 27장에서 사도 바울은 풍랑 속에 탄 배가 파선당할 지경에 이르렀을 때에 일어나서 276명을 향하여 '나의 섬기는 하나님께서 너희 중에 한 사람도 머리카락 하나 잃은 자가 없을 것이라' 고 선포하였습니다).

③ 하나님의 사람은 절망 가운데서도 소망을 선포하는 사람입니다.

■ 2절에서

① 엘리사가 선포한 내용은 축복의 소식이었지만 하나님을 의심하는 왕의 장관은 이 선포에 대해서 비웃었습니다. "여호와께서 하늘에 창을 내신들 어찌 이런 일이 있으리요"라고 말입

니다.

② 이에 대해서 엘리사는 선포하기를 "네가 네 눈으로 보리라 그러나 그것을 먹지는 못하리라"고 했습니다.

③ 하나님의 축복의 말씀을 비웃는 자는 축복을 받지 못하는 게 아니라 오히려 심판을 받게 되는 것입니다.

셋째, 문둥병자들의 역할(7:3~20)

■ 3~4절에서 성문 밖에 있던 4명의 문둥병자들은

① 평소에는 성 안에 들어가서 사람들이 남긴 음식을 구걸해서 먹었는데 이제 성 안에는 음식이 없다는 것입니다.

② 그러니 가만히 있다가 굶어 죽을 바에는 차라리 아람 군대에 가서 항복해서 음식을 얻어먹자는 것입니다. 즉 이판사판입니다.

■ 5~7절에서

① 4명의 문둥병자가 아람 군대 진영으로 갔더니 천막이며 식량이 그대로 있었는데 사람은 한 명도 없었습니다.

② 하나님께서 문둥병자들의 걸음소리를 아람 군대에게는 엄청난 발 소리, 병거 소리, 사람 소리로 들리게 한 것입니다. 마치 하나님께서 산헤립 군대를 물리치신 것처럼 거룩한 개입을 하신 것입니다(왕하 19:35~37).

③ 아람 군대의 귀에는 이스라엘이 애굽, 헷 사람과 연합해서 쳐들어오는 것으로 들렸던 것입니다.

■ 8~9절에서 문둥병자 4명은

① 아람 군대 장막에서 실컷 먹고, 마시고, 귀중품들을 챙겼습니다.

② 그리고 '성 안 백성들은 먹을 것이 없어 자식까지 잡아먹는 판인데 이 아름다운 소식, 풍성한 소식을 전하지 않으면 우리에게 벌을 내릴 것이라' 고 하면서 성 안으로 향했습니다.

③ 여기서 문둥병자는 복음을 전하는 자였습니다. 열왕기하 5장에서 문둥병자 나아만에게 복된 소식을 전한 것은 이스라엘에서 포로로 잡아온 계집 종이었습니다.

④ 이처럼 하나님은 약한 자들을 들어 귀하게 쓰시는 것을 볼 수 있습니다(고전 1:26~28).

■ 10~18절에서 엘리사의 구원 예언이 성취되는 것을 볼 수 있습니다.

① 문둥병자들이 전한 복된 소식이 곧바로 왕에게 전해졌습니다.

② 그러나 왕은 믿지 못하고 아람 군대의 유인책이라고 생각하고 진상을 확인하려고 했습니다. 이처럼 하나님을 떠난 자는 하나님의 말씀에 의심하고 더 나아가서 마음이 강팍하게 됩니다.

③ 신하가 성중에 남아 있는 말 5필에 척후병을 태워 보내서 상황을 정탐하자고 했습니다.

④ 그래서 척후병들이 문둥병자들이 말한 것이 사실임을 확인했습니다. 성 안에 있던 백성들은 너나 할 것 없이 성 밖으로

밀려나왔습니다. 그래서 엄청난 곡식을 취할 수가 있었습니다.

⑤ 하나님은 아람 군대를 도망가게 하셨고 그들이 두고 간 식량으로 굶어 죽어가는 백성들을 살리신 것입니다.

⑥ 즉 위기 속에서도 예언자를 통한 하나님의 말씀은 그대로 이루어집니다.

■ 19~20절에서 선지자 엘리사의 말씀에 "여호와께서 하늘에 창을 내신들 어찌 이 일이 있으랴" 고 한 장관은 엘리사의 말대로 엄청난 곡식을 눈으로 보았습니다. 그러나 먹지는 못하고 밀려나가는 백성들의 발에 밟혀서 죽었습니다. 요한복음 3장 36절에서 "아들을 믿는 자에게는 영생이 있고 아들에게 순종하지 아니하는 자는 영생을 보지 못하고 도리어 하나님의 진노가 그 위에 머물러 있느니라" 고 했습니다.

…결론

우리 모두는 인생을 살면서 위기를 만납니다. 위기 때에 우리는 어떠해야 합니까? 분명한 것은 위기 때에 참 신앙인은 더욱더 하나님을 의지한다는 것입니다. 그러나 가짜 신앙인은 위기 때에 하나님을 원망하거나 하나님을 떠납니다. 위기 때에 주님을 더욱 의지하는 자에게는 하나님께서 그 위기를 축복이 되게 하십니다. 그러나 위기 때에 배반하고 배교하는 자는 하나님의 심판을 받게 됩니다.

성도 여러분, 위기 때에 더욱더 하나님을 의지하시기를 바랍니다. 그래서 위기가 변해서 축복이 되는 것을 체험하시고 또 위기 때에 주님을 만나시고, 신앙이 더 성숙해지는 복을 받으시기 바랍니다.

역사를 주관하시는 하나님

열왕기하 8:1~29

우리를 택하셔서 자녀 삼아 주셔서 오늘 우리가 섬기는 하나님은 어떤 분이신가를 열왕기하 8장에서 다시금 알 수 있습니다. 우리가 믿는 하나님은 우리의 모든 필요를 채워주시고 공급하시는 하나님이시고, 또 푸른 초장 쉴 만한 물가로 인도하시는 하나님이시고, 내 영혼을 소생시키시는 생명의 주인 되시는 하나님이시고, 또한 사망의 음침한 골짜기를 지날 때에도 지켜주시는 하나님이십니다.

그리고 하나님의 선하심과 변하지 않는 사랑을 언제나 우리에게 베푸시는 하나님이십니다. 세상은 시간이 지나고 상황이 변하면 사람들도 변하고 떠납니다. 그러나 하나님은 절대로 자녀들을 포기하지 않으시면서 우리의 인생을 이끌어 주십니다.

또한 하나님은 예언자 엘리야에게 주신 말씀(왕상 19:15)을 엘리사

시대에 성취하십니다. 이 말씀은 하나님의 말씀은 일점일획도 변함 없이 이루어진다는 것입니다. 동시에 하나님은 이스라엘을 넘어 세계의 모든 일을 주관하시는 세계적인 하나님, 만물을 다스리시는 하나님이심을 알 수 있습니다.

첫째, 자기 소유를 되찾는 수넴 여인(1~6절)

■ 열왕기하 4장에 보면 수넴 여인에 대해서 잘 나옵니다.

① 엘리사를 위해 늘 좋은 음식을 만들어 대접했습니다.

② 엘리사를 위해 자신의 집에 정성을 다해 방을 만들어 쉴 수 있게 했습니다.

③ 이러한 수넴 여인이 자식이 없는 것을 엘리사가 알고 하나님께 기도해서 자식을 갖게 했습니다.

④ 그리고 이 아이가 갑작스럽게 죽게 되었을 때 엘리사는 갈멜 산에서 수넴으로 와서 그 아이를 살려주었습니다.

■ 1절에서

① 엘리사는 이스라엘 땅에 7년 동안 기근이 임할 것을 예언하고 있습니다.

② 이 기근은 하나님의 은혜 속에서 살면서도 우상숭배를 계속하는 이스라엘을 향한 하나님의 징계였습니다.

③ 기근이 임하기 전에 엘리사는 수넴 여인에게 가족과 함께 다른 곳에 가서 살라고 했습니다.

④ 하나님께서는 이처럼 새로운 역사가 임할 때 하나님의 사

람들에게 떠나라는 명령을 하십니다(예 : 아브라함, 모세, 그리고 예수님-헤롯의 대학살을 피해 애굽으로 피신하시게 함).

■ 2절에서 수넴 여인은 엘리사의 말씀에 순종해서 살던 곳을 떠나 남쪽 지역인 블레셋 사람의 땅에 가서 7년 살게 되었습니다. 그리고 고향을 떠날 때 자신의 집과 땅을 팔지 않았습니다.

■ 3절에서

① 수넴 여인이 7년간의 블레셋 지역의 삶을 정리하고 고향에 돌아왔습니다.

② 그랬더니 자신의 땅과 집이 이미 다른 사람의 소유가 되었던 것입니다.

③ 이러한 억울한 일을 해결하느라고 수넴 여인은 왕에게로 나갔습니다.

■ 4~5절에서 북이스라엘의 여호람 왕이 엘리사의 사환인 게하시로부터 선지자 엘리사가 행한 모든 일들을 듣고 있었습니다. 그중의 하나 수넴 여인의 죽은 아들을 살린 이야기를 했습니다. 그런데 바로 이때 이 이야기의 장본인인 수넴 여인이 자기 재산을 찾기 위해서 왕 앞에 있었던 것입니다. 우연의 일치처럼 보이지만 신앙적인 눈으로 보면 하나님의 섭리라고 할 수 있습니다. 그래서 게하시는 놀라서 왕에게 말하기를 "내 주 왕이여 이는 그 여인이요 저는 그의 아들이니 곧 엘리사가 다시 살린 자니이다"라고 했습니다.

■ 6절에서 왕은

① 그 여인에게 "바로 당신이 그 주인공이냐?"고 물었습니다. 그랬더니 맞다고 했습니다.

② 왕은 그 즉시로 여인의 청원을 들어주되 집과 땅을 돌려주고 떠나 있던 7년 동안의 소출까지도 주었습니다.

■ 수넴 여인의 일을 보면서 하나님은 작아 보이는 일까지도 주관하시면서 자녀들을 돌보시는 것을 알 수 있습니다. 따라서 하나님의 자녀들에게는 그것이 좋은 환경이든, 나쁜 환경이든 하나님께서 주관하심을 다시금 알 수 있습니다.

그래서 우리는 "우리가 알거니와 하나님을 사랑하는 자 곧 그의 뜻대로 부르심을 입은 자들에게는 모든 것이 합력하여 선을 이루느니라"(롬 8:28)는 말씀을 다시 실감합니다. 이렇듯 하나님의 축복과 은혜는 한두 번으로 끝나는 것이 아니라 계속되는 것입니다.

둘째, 벤하닷의 죽음(7~15절)

■ 벤하닷은 누구인가?

① '하닷의 아들'이라는 뜻입니다. 하닷은 아람 사람들이 믿는 태양신의 이름입니다.

② 열왕기하 8장에 나오는 벤하닷은 벤하닷2세입니다.

③ 이러한 벤하닷2세는 북이스라엘의 아합 왕, 그리고 그의 아들인 아하시야, 요람과 동시대에 활동한 왕입니다.

■ 7~8절에

① 엘리사가 다메섹에 갔을 때 아람 왕 벤하닷이 병들었습니다.

② 그래서 신하 중의 한 사람이 왕에게 말하기를 '하나님의 사람 엘리사가 여기 있다' 고 했습니다.

③ 그랬더니 왕이 신하 중에 오른팔 격인 하사엘에게 예물을 가지고 엘리사에게 가서 자신의 병이 낫겠는가를 물어보라고 했습니다.

④ 엘리사의 명성은 그 당시 이방 나라들에게까지도 잘 알려져 있습니다.

⑤ 엘리사는 아람의 군대장관 나아만의 문둥병을 고쳤고, 그리고 그의 역할로 아람 군대가 패배한 것을 알 수 있습니다(왕하 6장). 그러니 하나님을 안 믿는 사람도 엘리사를 "하나님의 사람"으로 두려워하고 존경했습니다.

■ 9절에서

① 하사엘은 그 당시로서는 최고의 예물들을 낙타 40마리에 실어서 보냈습니다.

② '당신의 아들 아람 왕 벤하닷이 나를 당신에게 보냈습니다.' 즉 왕이 스스로 '아들'이라고 낮추는 극진한 겸손을 보였습니다.

③ 벤하닷 왕은 생사의 기로에 서서 진실되고 겸손한 마음으로 선지자를 대했습니다.

■ 10절에서 엘리사는 벤하닷 왕의 사신으로 온 하사엘에게 하나님의 말씀을 전합니다. "엘리사가 이르되 너는 가서 그에게 말하기를 왕이 반드시 나으리라 하라 그러나 여호와께서 그가 반드시 죽으리라고 내게 알게 하셨느니라"고 했습니다. 즉 왕의 병은 나을 병이지만 왕은 곧 죽게 된다는 것입니다. 왕은 병 때문이 아니라 암살자에 의해서 죽게 될 것을 말씀하고 있습니다. 이렇듯 사람은 내일

일을 모릅니다.

■ 11~12절에서 선지자 엘리사가 예언을 하면서 하사엘이 민망할 정도로 쏘아보다가 끝내는 눈물을 흘렸습니다. 하사엘이 아람 왕이 된 후에 예루살렘을 침공하여 성을 불사르고, 장정을 칼로 죽이고, 어린 아이를 메어치며, 아이 밴 부녀를 가르는 만행을 저지를 것이라고 했습니다. 물론 이런 일은 패역한 이스라엘을 향한 하나님의 심판이지만 그때에 이스라엘 백성이 당할 고통을 보면서 엘리사는 슬퍼한 것입니다.

■ 13~15절에서

① 하사엘은 "당신의 개같은 종이" 어찌 그런 일을 하겠느냐고 했습니다.

② 이때 엘리사는 '여호와께서 네가 아람 왕이 될 것을 말씀하셨다' 고 했습니다.

③ 하사엘은 벤하닷 왕에게 엘리사 선지자가 왕의 병이 나으리라고 했다고 전했습니다.

④ 그리고 나서 하사엘은 이불을 물에 적셔서 왕의 얼굴에 덮어서 죽게 했습니다.

⑤ 그리고 하사엘이 아람 나라의 왕이 됩니다. 열왕기상 19장 15절에 예언된 말씀이 성취된 것입니다.

셋째, 유다 왕 여호람과 아하시야 왕(16~29절)

■ 16~18절에서

① 북이스라엘의 요람 왕 5년째 되던 해에 남유다에서 여호사밧의 아들 여호람이 왕위에 올랐습니다.

② 여호람 왕은 조부 아사 왕이나 아버지 여호사밧의 길로 행하지 않고 처가 쪽인 아합의 길로 나갔습니다.

③ 부인의 이름은 아달랴인데 아합과 이세벨의 딸이었습니다.

■ 19절은 여호람의 악정을 보고도 하나님께서 유다를 멸망시키지 않은 까닭은 하나님께서 다윗과 맺은 언약(삼하 7장) 때문임을 말하고 있습니다. "내가 네 앞에서 물러나게 한 사울에게서 내 은총을 빼앗은 것처럼 그에게서 빼앗지는 아니하리라"(삼하 7:15)는 말씀을 상기해 볼 수 있습니다.

■ 20~24절에서 여호람 통치 시대에

① 에돔이 유다를 반역했습니다. 에돔은 다윗 왕 시대 이후로 유다에 종속되어서 조공을 바쳤습니다. 그러나 여호람의 악정으로 국력이 약해진 틈을 타서 반역했습니다.

② 에돔의 반역에 대해시 여호람이 군대를 사일(에돔)로 보냈지만 성공하지 못했습니다.

③ 또한 블레셋 국경의 립나(Limnah)까지 여호람을 배반하였습니다.

④ 블레셋은 여호람 시대에 유다를 공격했습니다(대하 21:16~17).

⑤ 여호람은 32세에 왕이 되었고, 예루살렘에서 8년 치리하다 죽었습니다. 그는 다윗 성에 장사되었지만 열왕의 무덤에는 묻히지 못했습니다(대하 21:20).

■ 25~29절에서

① 아합의 아들 요람이 북이스라엘의 왕으로 있은 지 12년째 되던 해에 남쪽 유다에서는 여호람의 아들 아하시야가 왕이 되었습니다.

② 아하시야의 어머니는 아합 왕의 딸 '아달랴' 였습니다.

③ 아하시야 역시 아버지 여호람을 좇아 아합의 집처럼 우상숭배를 했습니다.

④ 아하시야 역시 자기 아버지 여호람처럼 정체불명의 여인과 결혼했습니다.

⑤ 길르앗 라못에서 아람 왕 하사엘과 북이스라엘 왕 요람 사이에 전쟁이 벌어졌습니다. 이 전쟁에서 북이스라엘 왕 요람은 부상을 입었습니다. 그래서 이스르엘로 돌아왔습니다. 이때 아하시야는 부상당한 외삼촌 요람을 방문하게 되었습니다. 바로 여기서 하나님이 세운 예후를 만납니다. 예후는 아합의 집안을 징벌하기 위해서 하나님이 세운 사람입니다.

…결론

열왕기하 8장에서 대조적으로 볼 수 있는 분명한 것은 7년 기근이라는 국가적 위기 속에서 수넴 여인은 하나님으로부터 은총을 받았지만, 반면 아람의 절대 권력자인 벤하닷 2세는 위기 속에서 자기 부하인 하사엘에 의해 죽는다는 것입니다.

이처럼 우리의 삶에는 위기가 찾아오는데 하나님께서는 하나님의 자녀들에게 그 위기를 뚫고 나갈 길을 열어주십니다. 그러나 하나님을 무시하고 살아가는 사람은 그가 아무리 세상적으로 큰 권세를 가졌어도 한 치 앞을 내다보지 못하고 멸망당하는 것입니다.

성도 여러분, 하나님의 말씀에 순종하고 하나님의 사람인 엘리사를 잘 섬긴 수넴 여인은 들어와도 나가도 하나님께 축복을 받았습니다. 반면 하나님을 무시하고 하나님의 말씀에 불순종한 사람은 들어가도 나가도 재앙을 만났습니다. 그러니 언제 어디서나 하나님을 경외하고 그 말씀에 순종하셔서 들어가도 나가도 복받으시기를 바랍니다.

예후

열왕기하 9:1~37

북이스라엘의 역사를 살펴보면 BC 922년에 느밧의 아들 여로보암으로 시작된 나라가 50년이 지나는 동안에 왕조가 세 번씩이나 바뀌는 혼란한 역사였습니다.

① 여로보암 왕조(BC 922~900년)

② 바아사 왕조(BC 900~876년)

시므리 왕(BC 876년 7일 동안)

③ 오므리 왕조(BC 876~842년)

여기서 오므리 왕조는 34년 동안 계속되었습니다. 오므리 왕이(876~869년), 아합(869~850년), 아하시야(850~849년), 여호람(849~842년) 으로 이어지면서 통치했습니다. 그래서 오므리 왕조는 혼란스러운 역사를 잠재운 왕조이고 이 시기에 세속적으로 북이스라엘은 크게 번영했습니다. 그러나 하나님 보시기에 악을 행한 왕조였습니다. 바알도 섬기고 여호와도 섬기는 혼합주의 신앙을 가진 왕조였습니다. 그리고 아합과 이세벨 시대에는 하나님을 섬기는 선지자들을 죽이는 악한 일을 행했던 것입니다.

바로 이러한 왕조에 대해서 열왕기상 19장 15~16절에서 하나님께서 엘리야에게 이렇게 말씀하셨습니다. 15절 "여호와께서 그에게 이르시되 너는 네 길을 돌이켜 광야를 통하여 다메섹에 가서 이르거든 하사엘에게 기름을 부어 아람 왕이 되게 하고", 16절 "너는 또 님시의 아들 예후에게 기름을 부어 이스라엘 왕이 되게 하고 또 아벨므홀라 사밧의 아들 엘리사에게 기름을 부어 너를 대신하여 선지자가 되게 하라" 고 했습니다.

바로 이 일은 선지자 엘리야에게서 엘리사로 옮겨져서 님시의 아들 예후가 기름부음을 받는 것입니다. 그리고 오므리 왕조를 징계하는 것을 볼 수 있습니다. 역사를 주관하시는 하나님이시며 동시에 하나님의 말씀은 틀림없이 이루어진다는 사실입니다.

첫째, 기름부음 받은 예후(1~13절)

■ 1~3절에서는 선지자 엘리사가 그의 선지 생도에게 사명을 줍니다.

① "허리를 동이고" 는 '단단히 허리를 묶으라' 즉 신속하게 움직이라는 것입니다.

② 그리고 기름병을 취해서 길르앗 라못으로 가라고 했습니다.

그 이유는 열왕기하 8장 28~29절에 길르앗 라못에서 이스라엘과 아람 왕 하사엘은 전쟁 중이었습니다. 바로 거기에 예후가 이스라엘 장수로 전쟁에 임하고 있었습니다.

③ 예후를 만나 골방에 들어가서 그 머리에 기름을 부으라는 것입니다. 그때 "여호와의 말씀이 내가 네게 기름을 부어 이스라엘 왕으로 삼노라"는 말씀을 전하라고 합니다.

④ 그리고 그 즉시로 문을 열고 도망가라는 것입니다.

■ 4~10절에서 선지 생도는 엘리사에게 명령을 받은 대로 실행합니다. 특별히 7~10절에서 하나님의 말씀을 구체적으로 볼 수 있습니다.

① "너는 네 주 아합의 집을 치라." 그 이유는 하나님의 종인 선지자들의 피를 아합과 이세벨에게 갚아 주겠다는 것입니다.

② 아합의 온 집은 느밧의 아들 여로보암의 집처럼 아히야의 아들 바아사의 집처럼 망할 것이라는 말입니다.

③ 그리고 이미 예언한 대로 이세벨이 흘린 피는 이스르엘 지방에서 개들이 먹으리라고 했습니다.

■ 11~13절에서는 예후가 왕으로 등극합니다.

① 예후의 부하들이 골방에 들어가서 기름부음을 받고 나온 예후에게 '선지자가 무슨 기이한 행동을 했느냐' 고 물었습니다.

② 예후는 "여호와의 말씀이 내가 네게 기름을 부어 이스라엘 왕으로 삼는다 하셨다 하더라" 고 말했습니다.

③ 그랬더니 부하들이 당장에 옷을 벗어 예후의 밑에 깔고 나

팔을 불면서 “예후는 왕이라” 고 외쳤습니다.

④ 여기서 예후를 즉시 왕으로 추대한 것을 보면 이스라엘 왕에 대한 불만이 컸고, 반면에 예후는 동료들과 부하들로부터 리더십(leadership)을 인정받았음을 알 수 있습니다.

둘째, 예후의 반란(14~29절)

■ 14~15절에서 이스라엘 왕으로 기름부음 받은 예후는 전쟁 장소인 길르앗 라못에서 떠나려 합니다. 그 이유는 길르앗 라못에서 여호람 왕은 아람 사람에게 맞아 상처난 것을 치료하기 위해서 이스르엘로 갔기 때문입니다(왕하 8:28~29). 또한 예후는 길르앗 라못을 떠나면서 어느 병사도 길르앗 라못을 떠나 이스르엘로 가지 못하게 했습니다. “한 사람이라도 이 성에서 도망하여 이스르엘에 알리러 가지 못하게 하라.”

■ 16절에서 예후는 병거를 타고 이스르엘로 갔습니다. 거기에는 요람이 치료차 누워 있었고, 외삼촌 되는 요람을 병문안차 유다 왕 아하시야가 와 있었습니다.

■ 17~20절에는 요람 왕을 지키는 병사가, 예후가 이끄는 군대가 질풍같이 달려온다고 요람 왕에게 보고하였습니다. 요람 왕도 자기 명령 없이 군대가 오는 것을 보고 사자를 내보냈습니다. 그래서 사자는 예후에게 “평안하냐?” 라고 물었습니다. 지금 길르앗 라못에서 벌어지고 있는 아람과의 전쟁이 어떠하냐는 것입니다. 이때 예후는 “평안이 네게 상관이 있느냐?” 고 하면서 “내 뒤로 물러나라” 고

했습니다. 즉 나에게 대항하지 말고 내 수하로 들어오라는 것입니다. 그랬더니 그 병사는 그 즉시로 예후의 부하가 되었습니다. 이렇게 예후는 요람 왕이 보낸 병사들을 두 번씩이나 자기 부하로 삼고 여호람 앞으로 나갔습니다.

■ 21~26절에는 요람 왕이 직접 나가서 예후를 만나는 것을 볼 수 있습니다.

① 요람과 예후가 만난 장소는 바로 이스르엘에 있는 나봇의 포도원이었습니다.

② 요람이 예후를 보고 "평안하냐?" 라고 했습니다. 즉 "예후여 좋은 소식을 가져왔느냐?" 고 했습니다.

③ 이때 예후는 "네 어미 이세벨의 음행(우상숭배)과 술수(마술)가 이렇게 많으니 어찌 평안이 있으랴" 고 했습니다.

④ 이때 요람은 상황을 판단하고 뒤로 돌아가면서 "아하시야여 반역이로다" 라고 외쳤습니다.

⑤ 그러나 도망가는 요람에게 예후가 쏜 화살이 심장을 꿰뚫고 나갔습니다.

⑥ 예후는 부하 장군인 '빗갈' 에게 요람의 시체를 나봇의 포도원에 던지라고 했습니다. 열왕기상 21장 17~19절에 예언된 말씀을 우리가 들은 대로 행하라는 것입니다. "여호와의 말씀이 네가 죽이고 또 빼앗았느냐고 하셨다 하고 또 그에게 이르기를 여호와의 말씀이 개들이 나봇의 피를 핥은 곳에서 개들이 네 피 곧 네 몸의 피도 핥으리라 하였다 하라"(왕상 21:19)고 했습니다.

즉 엘리야 선지자의 예언이 그대로 성취된 것입니다.

■ 27~29절에서 유다 왕 아하시야가 죽습니다.

① 외삼촌인 요람 왕이 죽는 것을 옆에서 보고 유다 왕 아하시야는 도망갔습니다.

② 예후는 아합의 외손주요, 요람 왕의 조카인 아하시야를 쫓아가서 죽였습니다.

③ 하나님은 아합의 후손들을 철저하게 심판하십니다. 역대하 22장 7절에서 이러한 일은 "하나님께로 말미암은 것"이라고 했습니다.

④ 42세에 왕위에 올랐던 남유다 왕 아하시야는 왕이 된 지 1년 만에 비참하게 죽었습니다.

⑤ 하나님의 심판은 철저하고 무섭다는 것을 다시금 볼 수 있습니다.

셋째, 이세벨의 죽음(30~37절)

■ 30~31절에서 예후가 이스르엘에 이를 때에

① 이세벨은 눈화장을 하고 머리를 꾸미고 창밖을 내다보았습니다. 이는 이세벨의 음행(우상숭배)을 묘사한 것으로 성서학자들은 보고 있습니다.

② 이세벨은 예후에게 이상한 질문을 했습니다. "주인을 죽인 너 시므리여 평안하냐." 이 말은 열왕기상 16장 11~14절에 나오는 '시므리의 7일 천하' 를 빗대어서 한 말입니다. 즉 시므리

는 바아사 왕의 아들 엘라가 통치할 때 군대장관이었습니다. 이 시므리가 엘라를 배반하고 정권을 잡았습니다. 그러나 7일 밖에는 통치하지 못했습니다. 이세벨은 예후에게 신랄하고도 모욕적인 말을 한 것입니다.

■ 32~33절에서 예후는 내시들에게 "내 편이 될 자가 누구냐?" 하면서 '저 여자를 창밖에 던지라' 고 했습니다. 이때 내시들이 예후의 말을 듣고 이세벨을 밖으로 던졌습니다. 이렇게 해서 시돈 왕의 딸이요, 아합 왕의 부인이요, 이스라엘에 우상을 끌어들여온 이세벨이 처참하게 죽었습니다.

■ 34~37절에서 예후는 이세벨의 죽음을 듣고서 엘리야의 예언이 그대로 성취되었음을 말하고 있습니다.

…결론

우리는 님시의 아들 예후가 이스라엘 왕이 된 것과 이스라엘 왕이요, 아합의 아들인 요람의 죽음과 아합의 부인 이세벨의 죽음을 보면서 분명한 것을 알았습니다. 그것은 하나님께서 세상을 다스린다는 것입니다. 시편 73편에 한동안 악인이 형통함을 보지만 하나님의 심판이 임할 때 악인이 심판받는다고 말한 것처럼 여호람과 이세벨은 졸지에 죽었습니다. 그리고 하나님의 말씀은 일점일획도 변함없이 이루어진다는 것을 다시금 볼 수 있습니다.

성도 여러분, 하나님께서 이 세상을 다스립니다. 이 사실을 분명히 깨닫고 시편 73편의 시인인 아삽이 “하늘에서는 주 외에 누가 내게 있으리요 땅에서는 주밖에 내가 사모할 이 없나이다 내 육체와 마음은 쇠약하나 하나님은 내 마음의 반석이시요 영원한 분깃이시라”(시 73:25~26)고 노래한 것처럼 언제나 하나님을 앙망하고 하나님을 가까이하셔서 하늘의 새 힘을 받으시기를 바랍니다. 그래서 언제나 하나님이 함께 하시는 형통한 삶을 사시기를 바랍니다.

· 열왕기하 강해 10

예후의 개혁

열왕기하 10:1~36

열왕기상 21장 19~24절에 엘리야 선지자가 아합의 집을 향해 내린 심판의 말씀을 볼 수 있습니다. 특별히 21절에 보면 "여호와의 말씀이 내가 재앙을 네게 내려 너를 쓸어 버리되 네게 속한 남자는 이스라엘 가운데에 매인 자나 놓인 자를 다 멸할 것이요", 22절 "또 네 집이 느밧의 아들 여로보암의 집처럼 되게 하고 아히야의 아들 바아사의 집처럼 되게 하리니 이는 네가 나를 노하게 하고 이스라엘이 범죄하게 한 까닭이니라 하셨고" 라고 했습니다.

이처럼 하나님의 심판이 예후를 통해서 열왕기하 9, 10장에 걸쳐서 이루어집니다. 그래서 9장 21~26절에서 요람 왕이 죽고 9장 27~29절에서는 요람의 왕 조카인 유다 왕 아하시야가 죽습니다. 그리고 9장 30~37절에서는 이세벨이 죽습니다. 하나님의 심판과 재앙은 거기서 끝나는 것이 아니라 10장에서도 계속해서 일어납니다.

첫째, 아합 왕의 아들 70명이 살해당함(10:1~14)

■ 1절에서

① 아합 왕의 아들 70명이 사마리아에 있음을 보여줍니다.

② 예후는 이스르엘에서 사마리아에 간 방백들과, 장로들과, 아합의 아들들을 교육시키는 자들에게 편지로 자신의 뜻을 전했습니다.

■ 2~3절에는 예후의 편지 내용이 나옵니다.

① 아합의 아들들 중에서 가장 어질고 정직한 자를 새로운 지도자로 뽑아 왕위를 계승시키라는 것입니다.

② 그리고 그로 하여금 예후와 싸우게 하라는 것입니다.

③ 또한 '너희에게는 병거와 말과 견고한 성과 병기가 있지 아니하느냐' 라고 했습니다.

■ 4~5절에서 사마리아에 있던 요람 왕의 신하들은 심히 두려워했습니다. 그 이유는

① 예후가 두 왕을 죽였기 때문입니다. 즉 요람 왕과 남유다 아하시야 왕입니다.

② 그리고 이들은 예후에게 "우리는 당신의 종이라" 고 말했습니다.

③ 또한 예후를 대적하는 왕을 세우지 않겠다고 했습니다.

■ 6절에서 예후는 이러한 소식을 듣고 다시 사마리아에 있는 방

백들에게 편지를 했습니다.

① 그것은 먼저 "너희가 내 편이 되라"는 것이고

② 그리고 아합의 아들들의 머리를 가져오라는 것입니다.

■ 7절에서 사마리아에 있는 요람 왕의 신하들이 이제는 입장을 바꿔서 예후의 말대로 왕자 70명의 목을 베었습니다. 그리고 그 머리들을 이스르엘에 있는 예후에게 보냈습니다. 예후는 자신의 손에 피 한 방울 묻히지 않고 아합의 아들들을 깨끗이 제거한 것입니다.

■ 8절에서 그 머리들을 돌무더기로 쌓아 성문 입구에 두도록 했습니다. 이것은 앗수르가 행하는 일을 모방한 것입니다. 누구든지 예후에게 대항하면 이렇게 된다는 것을 보여준 것입니다.

■ 9절에서 예후는 아합 왕의 아들들을 죽인 자들에게 '너희의 행동은 의롭다' 고 했습니다. 그런데 여기서 우리가 알 수 있는 사실은 권력 실세가 바뀌면 사람들도 변합니다. 얼마 전까지 요람을 따르던 신하들이 이제는 예후를 따릅니다. 악한 왕후 이세벨도 보필하던 내시들이 떠밀어서 죽었습니다. 아합의 아들 70명도 어릴 때부터 저들을 가르쳐 온 선생들의 배신으로 죽은 것입니다. 이처럼 세상 사람들은 권력에 따라 움직이고 배신합니다.

■ 10절에서 예후는 이렇게 아합의 아들들이 죽은 것은 하나님이 말씀하신 것(왕상 21:19~24)으로, 한 말씀도 땅에 떨어지지 아니하고 다 성취되었음을 말하고 있습니다.

■ 11절에서 예후는 아합의 집안 사람들만 하나님이 심판하라고 했는데 거기서 더 나아가 존귀한 자, 가까운 친구, 그리고 제사장들까지 죽였습니다. 여기서 예후가 일으킨 혁명은 하나님의 예언을 성

취하는 데서 더 나아가 지나치게 많은 사람을 죽인 것을 알 수 있습니다. 즉 도를 넘어섰습니다.

■ 12~14절에서 예후는 자신에게 이미 죽임당한 유다 왕 아하시야의 형제들 42명을 사마리아로 가는 길에서 만났습니다. 그런데 예후는 그 길에서 아하시야 왕의 형제들을 그 자리에서 죽였습니다. 여기서 두 가지를 생각하게 되는데 하나는 악한 자와 함께할 때, 악한 자가 심판받을 때 함께한 자도 같이 심판을 받는다는 것입니다.

그래서 고린도후서 6장 14~16절에서 "너희는 믿지 않는 자와 멍에를 함께 메지 말라 의와 불법이 어찌 함께하며 빛과 어두움이 어찌 사귀며" 라고 했습니다. 또 하나는 예후가 도에 지나치게 칼을 휘두른 것입니다. 하나님께서 지정해준 범위를 넘어서는 행위를 한 것입니다.

둘째, 바알 숭배자들을 진멸하다(15~28절)

■ 15~17절에서

① 예후는 자신의 반대 세력들을 제거해 나가던 중에 자신을 만나러 나오는 레갑의 아들 여호나답을 만났습니다.

② 레갑은 일찍이 바알 숭배를 거부하기 위해 자녀들에게 농경 생활 대신 힘든 유목 생활을 하도록 유언한 사람입니다.

③ 역대상 2장 55절에 보면 레갑은 겐 족속임을 알 수 있습니다.

④ 레갑의 아들은 예후가 우상숭배를 끌어온 아합의 가문을 멸한다는 것을 듣고 지지하기 위해 나온 것입니다.

⑤ 예후는 경건한 사람들로 소문난 레갑과 손을 잡아서 자신의 행동이 올바름을 보여주려고 했습니다.

■ 18~29절에서는

① 아합 가문에 대한 심판을 마무리한 예후는 이제 이스라엘의 종교적 죄악에 대한 심판을 실행합니다.

② 사마리아에 도착한 예후는 다음과 같은 책략을 씁니다. "예후가 뭇 백성을 모으고 그들에게 이르되 아합은 바알을 조금 섬겼으나 예후는 많이 섬기리라"고 했습니다. 이것은 바알 숭배자들을 안심시키려고 한 것입니다.

③ 그리고 바알에게 큰 제사를 드릴 것이니 바알을 따르는 모든 선지자와 제사장은 빠지지 말고 나오라고 했습니다.

④ 그래서 큰 제사가 열리던 날 온 나라에서 바알을 섬기는 선지자와 제사장들이 신당을 가득 메웠습니다.

⑤ 예후는 입구를 봉쇄하고 80명의 무사로 하여금 바알 숭배자들을 모조리 죽이게 했습니다.

⑥ 예후는 바알 신전에 있던 나무 우상들을 불태우고 돌 우상도 깨뜨렸습니다. 그리고 바알 신전을 변소로 만들었습니다.

⑦ 이렇게 해서 바알의 뿌리를 뽑아냈습니다. 그래서 아합과 이세벨의 결혼으로 들어온 우상을 내버린 것입니다.

셋째, 예후의 신앙(29~36절)

■ 29절에서 예후는 바알은 버렸지만 이스라엘로 범죄하게 한 느밧의 아들 여로보암의 죄인 벧엘과 단에 세운 금송아지를 버리지 아니하고 오히려 그곳에 가서 섬겼습니다. 이것에 대해서 31절에서 "예후가 전심으로 이스라엘 하나님 여호와의 율법을 지켜 행하지 아니하며 여로보암이 이스라엘로 범하게 한 그 죄에서 떠나지 아니하였더라"고 했습니다. 이처럼 하나님은 예후의 행동을 정확하게 보시는 것을 알 수 있습니다.

■ 30절에서 하나님은 예후가 하나님께서 맡기신 아합의 집 심판하는 일을 행하였기에 왕위가 4대까지 가리라고 했습니다. 여호아하스－요아스－여로보암 2세－그리고 스가랴까지입니다(BC 842~745년).

■ 예후가 과연 개혁을 제대로 행했느냐에 대해서 성경은 그렇지 못했다고 말하고 있습니다. 즉 그가 진심으로 여호와의 율법을 행하지 않았다고 평가합니다. 예후가 바알 종교를 진멸하는 일에는 충성했지만 여호와의 법을 지키는 데는 마음을 다하지 못했기 때문입니다. 그래서 예후는 다시금 하나님이 이미 심판하신 느밧의 아들 여로보암의 죄로 되돌아간 것입니다.

■ 32~33절에서 이처럼 혼합신앙으로 나가는 이스라엘을 하나님께서 찢으심을 볼 수 있습니다. 즉 하나님께서 아람 왕 하사엘을 통해 이스라엘 땅을 다른 나라에 넘겨주십니다.

■ 34~36절에서 예후가 사마리아에서 28년간 통치하고(BC

842~815년) 죽습니다.

…결론

하나님의 말씀은 일점일획도 빠짐없이 성취됩니다. 그래서 우상숭배하고 무고한 자를 죽인 아합의 집안이 심판을 받게 되는 것입니다. 그러나 동시에 하나님의 개혁의 도구로 선택받은 예후가 하나님의 명령을 넘어 도에 지나치게 사람을 죽인 것에 대해 하나님께서 심판하시는 것 또한 볼 수 있습니다. 그리고 온전하게 신앙생활을 하지 않은 예후의 왕조가 4대로 끝나고, 그의 나라가 작아지는 심판을 내리십니다.

그러므로 하나님의 일꾼인 우리는 언제나 하나님의 말씀대로만 행해야 하겠습니다. 도에 지나치게 교만하게 행동하는 것은 바로 하나님의 심판을 가져옴을 알아야 하겠습니다.

그러니 성도 여러분, 언제나 겸손하게 하나님의 말씀에 순종하시기 바랍니다. 그리고 오직 하나님만을 순수하게 섬겨서 하나님을 기쁘게 해드리는 성도들이 되시기를 바랍니다.

요아스의 개혁

열왕기하 11:1~21

북이스라엘에서는 오므리 왕조가 막을 내렸습니다. 엘리사를 통해 기름부음을 받은 예후에 의해서 오므리 왕조의 마지막 왕인 요람(아합의 아들)이 죽임을 당했습니다. 그뿐 아니라 아합의 아들들 70명도 한번에 죽임을 당했습니다. 예후는 아합 왕에게 속했던 귀족들과, 가까운 친구들과, 제사장들까지도 모두 처형했습니다. 이렇게 해서 오므리 왕조가 끝나고 새로운 왕조, 즉 예후 왕조가 북이스라엘을 통치했던 것입니다.

예후 왕조의 첫 번째 왕인 예후는 바알 숭배의 진원지였던 아합 가족을 진멸하는 데 최선을 다했습니다. 그래서 열왕기하 10장 30절에서 "여호와께서 예후에게 이르시되 네가 나 보기에 정직한 일을 행하되 잘 행하여 내 마음에 있는 대로 아합 집에 다 행하였은즉 네 자손이 이스라엘 왕위를 이어 사 대를 지내리라"는 칭찬을 들었습니다.

그러나 예후는 전적으로 하나님을 신뢰하지 않았습니다. 왜냐하면 이스라엘은 또다시 느밧의 아들 여로보암이 세운 벧엘과 단에 있는 성소에 가서 예배를 드렸기 때문입니다. 이것은 하나님께서 가증스럽게 여기는 것이었습니다.

반면 남유다는 북이스라엘 요람 왕이 예후에게 죽임을 당할 때 남유다 왕 아하시야도 죽임을 당했습니다. 따라서 남유다에 왕권력의 공백기가 생긴 것입니다. 바로 이때 아하시야 왕의 어머니이자 아합 왕과 이세벨의 딸이요, 남유다 여호람 왕의 부인이었던 아달랴가 정권을 잡았습니다. 그래서 7년간 남유다를 다스렸습니다.

그런데 이러한 때에 극적으로 살아남은 요아스 왕이 제사장 여호야다의 힘을 등에 업고 남유다의 왕이 되었고 종교개혁을 합니다. 북쪽에서 예후에 의해 진행되었던 개혁이나, 남쪽에서 요아스에 의해 진행된 개혁을 보면 북쪽에서는 이세벨이 죽임을 당했고, 남쪽에서는 아달랴가 죽임을 당했습니다. 또한 북쪽이나 남쪽이나 바알 신전이 파괴되었습니다. 그러나 예후의 혁명은 잔혹하고 성급했지만 요아스의 혁명은 모든 것이 '관계에 따라' 진행된 것을 볼 수 있습니다.

첫째, 아달랴의 왕위 찬탈(1~3절)

■ 1절에서 아하시야가 예후에 의해 죽임을 당하자 남유다에서

는 여호람 왕의 부인이요, 아하시야 왕의 어머니인 아달랴가 손자들을 죽이고 남유다를 다스립니다. 여기서 아달랴는 누구인가를 살펴보면

① 아합 왕과 이세벨 사이에 태어난 딸입니다(왕하 8:18, 26)

② 아달랴는 유다 왕 여호사밧의 아들 여호람과 결혼하였습니다(왕하 8:16~18).

③ 남유다 여호사밧 왕의 아들인 여호람 왕은 북이스라엘의 우상숭배자인 아합 왕의 길을 따랐습니다. 그리고 여호람은 자기 형제들을 죽이는 악한 행동을 하였습니다(대하 21:2~4). 이에 대해서 역대하 21장 6절에서 "그가(여호람) 이스라엘 왕들의 길로 행하여 아합의 집과 같이 하였으니 이는 아합의 딸이 그의 아내가 되었음이라 저가 여호와 보시기에 악을 행하였으나"라고 했습니다.

④ 왜 아달랴가 왕권을 차지하려 했을까요? 그 이유에 대해 성경은 설명하지 않습니다. 추측해보면 북이스라엘에서 예후가 아합의 가족들을 다 죽이는 상황에서 자신도(아합의 딸) 죽임을 당할지 모른다는 생각에 손주들을 죽여가면서까지 권력을 쥐었다고 볼 수 있습니다.

■ 2절에서는 아달랴가 손주들을 죽일 때 여호람 왕의 딸이요, 아하시야의 누이인 '여호세바'가 아하시야의 아들 요아스를 몰래 빼내어 유모와 함께 침실에 숨겼습니다. 여호세바는 그 당시 제사장인 여호야다의 부인이었습니다(대하 22:11). 바로 이 일로 인해서 하나님과 다윗 사이에 맺은 '왕조 계약'(삼하 7장)이 지켜집니다. "나

는 그에게 아버지가 되고 그는 내게 아들이 되리니 그가 만일 죄를 범하면 내가 사람의 매와 인생의 채찍으로 징계하려니와 내가 네 앞에서 물러나게 한 사울에게서 내 은총을 빼앗은 것처럼 그에게서 빼앗지는 아니하리라"(삼하 7:14~15). 그래서 다윗의 후손이 계속해서 왕위에 오르게 되는 것을 볼 수 있습니다.

■ 3절에서 기적적으로 살아난 요아스가 고모부인 제사장 여호야다와 고모인 여호세바에 의해서 성전에서 6년 동안 숨어 지냈고, 그동안 아달랴는 유다를 통치했습니다. 그런데 여기서 우리가 아달랴의 다스림에 백성들의 불만이 컸다는 사실입니다. 그래서 요아스가 왕이 될 때 민중의 노력과 지지가 있었습니다.

둘째, 여호야다의 쿠데타(4~16절)

■ 4~8절에서 여호야다의 쿠데타를 위한 준비를 볼 수 있습니다.

① 여호야다가 쿠데타를 행하는 이유를 살펴보면 지금의 아달랴는 다윗 계통의 후손이 아니기에 남유다의 왕이 될 수가 없다는 것입니다. 아달랴는 바알 숭배를 했기 때문에 여호와를 섬기는 제사장이던 여호야다는 신앙을 지키기 위해서 쿠데타를 행할 수밖에 없음을 보여줍니다. 그래서 백부장들과, 호위병들과, 백부장들에게 설명을 했을 것입니다.

② 여호야다는 백부장들과 언약을 맺었습니다.

③ 성전을 지키고 왕을 지키는 군사들은 그날 당번(입번)과 비번(출번)이 있습니다. 그러나 당번이든 비번이든 함께 쿠데타

에 참여했습니다.

④ 쿠데타는 안식일에 행합니다. 그리고 안식일에 비번인 군인은 1/3은 왕궁을 지키고, 1/3은 수르 성문을 지키고, 1/3은 호위병들의 뒤에 있는 문을 지키게 했습니다. 그리고 안식일에 당번인 군인들은 두 반으로 나누어서 왕을 위해 여호와의 성전을 지키게 하였습니다.

⑤ 여호야다는 군인들에게 누구든지 이 경계선 안으로 들어오는 자는 반드시 죽이라고 했습니다.

■ 9~12절에서 요아스가 왕위에 오르는 것을 알 수 있습니다.

① 여호야다는 쿠데타에 참여하는 군인들, 여호와의 전에 있는 다윗 왕의 창과 방패를 백부장들에게 나누어 주었습니다.

② 이유는 요아스 왕의 대관식에 다윗의 방패와 창이 등장하므로 왕위 즉위식에 정통성이 있음을 보여줍니다.

③ 12절에서 여호야다가 요아스 왕자를 백성들 앞에 인도했습니다. 그리고 그 머리에 왕관을 씌웠고, 율법책을 주었고, 기름을 부어서 왕이 되게 했습니다.

④ 여기서 요아스가 왕으로 등극하는데 백성들의 지지가 있었음을 분명하게 보여줍니다.

⑤ 왕위 즉위식 때 전달된 율법책은 신명기이고, 특별히 신명기 17장 18~20절에서 왕은 언제든지 부지런히 읽을 수 있도록 율법책을 가까운 데 두라고 했습니다. 즉 하나님께 충성을 다하라는 것입니다.

■ 13~16절에서 아달랴의 반응을 볼 수 있습니다.

① 아달랴가 호위병과 백성의 소리를 듣고 여호와의 전에 들어가 모여든 백성들을 보았습니다. 여기서 백성은 예루살렘의 지도층들입니다.

② 요아스 왕이 규례대로 왕의 자리에 섰고, 모여든 온 백성들이 즐거워하고 환호합니다.

③ 이것을 보고 아달랴는 옷을 찢으며 "반역이다"라고 외쳤습니다.

④ 사실은 정통성이 없는 아달랴가 반역이지 다윗의 후손인 요아스가 왕이 되는 것은 반역이 아닙니다.

⑤ 여호야다는 백부장에게 명하기를 아달랴를 성전 밖으로 끌고 나가 처형하도록 했습니다. 성전 안에서는 사람을 죽일 수 없었기 때문입니다(대하 24:20~22).

⑥ 그리고 아달랴를 따르는 자들도 죽이라고 했습니다.

⑦ 이렇게 해서 아달랴의 왕위가 박탈되었고, 백성의 지지속에 요아스가 왕이 되었습니다. 왕이 되는 과정은 정당하고 합법적이었음을 보여줍니다.

셋째, 요아스의 개혁(17~21절)

■ 17절에서 제사장 여호야다가 언약을 세웁니다.

① 하나님과 백성 사이에 언약을 맺었습니다. 내용은 하나님이 이스라엘의 하나님이 되고 이스라엘은 하나님의 백성이 된다는 언약입니다(신 27:4, 9).

② 두 번째 언약은 왕과 백성들 사이에 체결된 것입니다. 그 내용은 다윗에게 주어진 왕조 언약을 확인하는 것입니다(삼하 7:8~10).

③ 여기서 여호야다는 미성년자(7세)인 요아스 왕을 대신해서 언약의 중보자가 되었습니다.

④ 이 언약 갱신은 새로운 언약이 아니라 기존의 언약을 하나님의 백성들로 하여금 계속해서 그 언약을 기억하게 하는 데 목적이 있습니다(예 : 수 24장; 삼상 11:14~12:25; 왕하 23장).

■ 18절에서 언약 갱신의 결과는 바로 바알 신전의 파괴와 바알의 제사장인 맛단의 파멸입니다. 즉 언약 갱신에는 행동이 뒤따릅니다.

■ 19~21절에서 성전에서 즉위식을 끝낸 여호야다와 요아스 왕은 왕궁으로 들어갑니다. 19절에서 "왕의 왕좌에 앉으니"라는 말은 모든 것이 합법적으로 이루어졌음을 뜻합니다. 이렇게 해서 어린 나이에 왕위에 오른 요아스는 40년간 남유다를 통치했습니다.

■ 요아스는 스승이요, 제사장인 여호야다가 살아 있는 동안 성전을 수리하고 이스라엘을 영적으로 부흥케 했습니다. 그래서 선한 왕으로 평가를 받습니다. 그러나 여호야다가 죽은 후에는 하나님을 섬기는 것에서 멀어지기도 했습니다.

…결론

북이스라엘에서 일어난 예후의 개혁과 남유다에서 일어난 개혁을 통해 우상숭배자들은 분명히 하나님의 심판을 받는 것을 볼 수 있습니다. 그리고 개혁은 말로만 하는 것이 아니라 우상을 버리고 바알 신당을 파괴하고, 동시에 하나님을 섬기는 모든 일들이 회복되는 것입니다. 이렇게 우상을 떠나 하나님을 섬길 때 기쁨과 평화가 충만하게 됩니다.

성도 여러분, 하나님보다 더 지나치게 사랑하는 것이 있다면 그것이 바로 우상입니다. 그리고 우상숭배는 하나님의 심판을 받을 수밖에 없습니다. 그러니 오직 하나님만을 사랑하고 섬기시기를 바랍니다. 그리고 신앙의 개혁은 입으로만 하는 것이 아닙니다. 예배의 회복, 기도의 회복, 말씀의 회복, 헌신의 회복으로 나타나야 합니다. 즉 실천하는 신앙입니다. 성도 여러분, 실천하는 신앙인이 되시기를 바랍니다.

요아스의 성공과 실패

열왕기하 12:1~21

열왕기하 11, 12장을 보면서 느끼는 것은 하나님의 역사가 특별히 눈에 띄게 나타나지는 않지만 일어나고 있다는 사실입니다. 왜냐하면 11, 12장에서는 선지지 엘리야나 엘리사가 등장하지 않습니다. 그러나 사무엘하 7장에 나타난 하나님과 다윗 왕과의 계약인 "네 집과 네 나라가 내 앞에서 영원히 보전되고 네 왕위가 영원히 견고하리라 하셨다"는 말씀이 이루어지는 것을 볼 수 있습니다.

열왕기하 11장에서 아달랴가 장차 유다 왕이 될 손주들을 모조리 죽일 때 어린 아기인 요아스가 기적적으로 살아났고, 7세에 유다 왕이 됨으로써 다윗의 후손이 유다의 왕으로 계속 오르게 된 것입니다. 이 일은 마치 아브라함 100세에 이삭이 태어나서 하나님의 약속이 성취된 것과도 같고, 430년 노예생활을 하던 이스라엘 백성들 중에서 어린 아기 모세가 태어나서 민족의 미래를 열어가게 한 것과 도 같습니다.

또한 남유다, 북이스라엘이 공통적으로 아합의 집안은 심판을 받고, 왕의 등극이 있고, 종교개혁이 뒤따르고, 그리고 아람 왕 하사엘의 위협을 받습니다. 그래서 북이스라엘에서는 예후에 의해 아합 왕의 아들들이 죽임을 당하고, 예후가 왕으로 등극하고, 또한 바알 제사장들과 그를 따르는 자들이 죽임을 당하고, 하사엘의 침입을 받습니다. 동시에 남유다에서도 아합의 딸인 아달랴가 죽임을 당하고, 요아스가 왕으로 등극하고, 종교개혁이 일어나고, 그리고 하사엘의 공격을 받습니다.

12장에서는 하나님의 섭리로 유다 왕이 된 요아스의 성공과 실패를 볼 수 있습니다. 이 역사적 사실을 통해 오늘 우리에게 주시는 하나님의 교훈을 깨닫기를 바랍니다.

첫째, 요아스의 왕위 등극과 통치(1~3절)

■ 1절에서 요아스는 7세에 왕위에 올라 약 40년간 유다를 통치했습니다(837~800년). 그의 어머니 시비아는 유다의 최남단에 위치한 브엘세바 사람이었습니다.

■ 2~3절에서

① 제사장 여호야다는 요아스를 왕으로 세워 다윗 왕권을 복원시켰을 뿐 아니라,

② 요아스 왕이 어렸기 때문에 상당한 영향력을 행사하면서

왕을 보필했습니다. 그리고 그의 나이 130세에 죽었습니다(대하 24:15).

③ 요아스는 여호야다가 살아 있는 동안 그의 교훈을 받아 여호와 보시기에 정직하게 행하였습니다.

④ "여호와 보시기에 정직히 행하였다"는 말은 여호와 보시기에 옳은 것(the right)을 행하였다는 말입니다. 즉 하나님의 명령(신 6:17~18)과 하나님의 언약(신 12:28)에 순종했다는 것입니다.

⑤ 그러나 요아스는 산당을 제거하지는 않았습니다(예 : 히스기야, 요시야 왕은 산당을 제거했습니다).

둘째, 요아스의 성전 보수 작업(4~6절)

■ 4~5절에서

① 요아스는 여호와의 전을 거룩하게 하였습니다. 그 이유는 솔로몬이 성전을 짓기 시작한 해는 957년이었고, 완공한 해는 950년이었습니다. 그러니 성전이 지어진 지 100년이 훨씬 넘었고, 또한 바알을 숭배하는 아달랴 통치 시대에는 성전이 아무 보살핌없이 버려지다시피 했습니다.

② 해마다 유다 여러 성읍에 가서 성전 수리할 돈을 거두도록 했습니다.

③ 그리고 그 돈으로 성전의 퇴락한 것을 보거든 수리하라고 하였습니다.

■ 6절에 보면 이러한 요아스의 명령에도 불구하고 지난 23년 동

안 별 진전이 없었습니다.

■ 7~8절에서 요아스 왕은 성전 수리에 별 진전이 없자 두 가지 명령을 내렸습니다.

① 성도들에게 은을 받지 말고,

② 목적 헌금 즉 성전 수리 헌금을 받게 했습니다.

■ 9~16절에서 요아스 왕은 좀 더 구체적으로 성전 수리 방법을 말했습니다.

① 성전 앞에 헌금궤를 놓으라.

② 그리고 헌금궤의 돈은 회계가 직접 거두라.

③ 회계는 여호와 전에서 성전 수리하는 자들에게 직접 임금을 지불하라.

④ 또한 재료들도 직접 구입하라.

⑤ 그리고 성전 수리 헌금으로 성전 기명들을 구입하지 말라.

⑥ 그리고 제사장들은 속건제의 은과 속죄제의 은을 거두어서 가지라고 즉 제사장들의 합법적인 부수입을 계속해서 보장했습니다(레 5:16).

⑦ 바로 이런 요아스의 성전 수리 방법을 통해서

- 성전의 퇴락한 곳을 보수하는 데 소용되는 재원 조달 과정이 공명정대했습니다.
- 제사장들이 개입하지 않았고, 회계가 관리했습니다.
- 모든 기부금들과 자산들은 투명하게 관리되었습니다.

이렇게 해서 23년 동안 진척이 없었던 성전 보수 공사가 잘 이루어졌습니다.

셋째, 요아스의 실패(12:17~21)

■ 역대하 24장 15절에 보면 여호야다가 성전 보수 공사가 끝난 후에 죽습니다. 그때 나이가 130세라고 했습니다. 그리고 역대하 24장 16절에서 여호야다는 다윗 성 열왕의 묘실에 장사되었습니다. 왜냐하면 그는 하나님과 성전에 대해서 선을 행하였기 때문입니다.

■ 역대하 24장 2절에 "제사장 여호야다가 세상에 사는 모든 날에 요아스가 여호와 보시기에 정직히 행하였으며"라고 했습니다. 즉 하나님 앞에 경건하고 지혜로운 여호야다와 같은 인물이 어린 요아스 왕 옆에 있어서 많은 도움을 주었습니다. 그런데 문제는 역대하 24장 17~18절에 보면 17절-"여호야다가 죽은 후에 유다 방백들이 와서 왕에게 절하매 왕이 그들의 말을 듣고" 18절-"그의 조상들의 하나님 여호와의 전을 버리고 아세라 목상과 우상을 섬겼으므로 그 죄로 말미암아 진노가 유다와 예루살렘에 임하니라"고 했습니다.

즉 영적 지도자인 여호야다가 죽자마자 왕은 우상숭배하는 유다 방백들과 교제하기 시작했습니다. 이 말은 교회를 멀리하고 세상과 가까워지기 시작했다는 것입니다.

■ 이러한 일이 있은 후 요아스 왕에게 두 가지 일이 일어났습니다. 하나는 여호야다의 아들 제사장 스가랴의 경고입니다. 또 다른 하나는 아람 왕 하사엘의 침입입니다. 먼저 역대하 24장 20절에서 여호야다의 아들 제사장 스가랴가 성전에서 다음과 같이 외쳤습니다. "하나님이 이같이 말씀하시기를 너희가 어찌하여 여호와의 명

령을 거역하여 스스로 형통하지 못하게 하느냐 하셨나니 너희가 여호와를 버렸으므로 여호와께서도 너희를 버리셨느니라."

그런데 이미 마음이 강퍅해진 요아스는 스가랴를 통해 전해진 하나님의 책망에도 꿈쩍하지 않았습니다. 오히려 요아스는 끔찍하게도 스가랴 제사장을 성전 뜰에서 죽였습니다. 갓난아기 때 자신의 목숨을 구해주고, 왕위에 올려주고, 평생 돌보아 준 제사장 여호야다의 아들 스가랴를 죽인 것입니다. 스가랴는 죽어가면서 "여호와는 감찰하시고 신원하여 주옵소서"(대하 24:22)라고 했습니다.

■ 17~18절에서 아람 군대의 침공이 나옵니다.

① 하나님께서 요아스에 대한 징벌로 다메섹의 하사엘을 일으켜 유다를 치게 하셨습니다(대하 24:14). 아람의 군대는 별로 강하지 않았지만 하나님께서 도우셔서 유다에게는 큰 군대가 되게 하셨습니다.

② 이렇게 되자 요아스는 성전에 있는 성물들과 왕궁에 있는 금을 다 취해서 아람 왕 하사엘에게 주었습니다. 고대 국제관계에서 적군의 공격을 조공과 돈으로 무산시키는 일은 종종 있었습니다.

■ 19~21절에서 "여호야다의 아들들의 피로 말미암아"(대하 24:25) 요아스는 아람과의 전쟁에서 상처를 입었고 더 나아가서 부하인 시므앗의 아들 요사갈과 소멜의 아들 여호사바드에 의해서 죽임을 당했습니다. 성경은 요아스의 죽음은 무고한 하나님의 선지자를 죽인 것에 대한 심판임을 분명히 밝히고 있습니다.

■ 21절에서는 요아스가 부하에 의해 죽임을 당했지만 하나님의

약속대로 요아스의 아들이며, 다윗의 후손인 아마샤가 왕으로 등극하게 됩니다.

…결론

종교개혁 및 성전 보수 등으로 새롭고도 의미있게 시작했던 요아스의 통치는 마지막엔 우상숭배와 제사장 스가랴를 죽이고, 그리고 자신은 부하로부터 죽임을 당하는 실패로 끝났습니다. 시작은 좋았지만 나중이 비참했습니다. 그 이유가 무엇일까요? 하나님에 대한 첫사랑을 잃어버린 것입니다. 성전을 찾지 않고 세상 권력자와 가깝게 지냈습니다. 하나님의 말씀보다는 세상 사람들의 말에 귀를 기울였습니다. 그것이 실패의 원인인 것입니나.

성도 여러분, 우리는 “주의 말씀 받은 그날 참 기쁘고 즐겁도다” 이 찬양이 계속되어야 합니다. 하나님에 대한 사랑이 평생 변함이 없어야 합니다. 그리고 늘 겸손해야 합니다. 그것이 처음보다 나중이 더 잘 되는 길입니다. 그리고 사도 바울처럼 “나는 선한 싸움을 싸우고 나의 달려갈 길을 마치고 믿음을 지켰으니 이제 후로는 나를 위하여 의의 면류관이 예비되었으므로……”(딤후 4:7-8)라는 승리의 외침을 하게 됩니다. 성도 여러분, 변함없이 예수님을 사랑하시기를 바랍니다.

이스라엘 왕 여호아하스와 요아스

열왕기하 13:1~25

세속적으로 강력했던 오므리 왕조가 무너지자 남북 모두 정치적인 불안정 상태가 계속되었습니다. 북이스라엘은 오므리 왕조가 막을 내리고 예후가 왕위에 올랐지만 국력은 현저히 쇠퇴했습니다. 아합 왕과 그의 가족에 대한 징계와 바알 숭배의 뿌리를 뽑기 위해 하나님의 사역자로 쓰임받았던 예후는 여호와 하나님을 섬기는 신앙이 투철하지 못했습니다. 바알 숭배자들은 철저하게 숙청했지만 정작 자신은 그 옛날 느밧의 아들 여로보암의 종교로 되돌아가고 말았습니다(왕하 10:29, 31). 하나님은 이에 대한 징계로 아람나라 하사엘을 들어 이스라엘을 공격하게 했습니다.

남쪽에서도 북쪽의 회오리바람이 몰아쳤습니다. 남유다의 아하시야 왕이 예후의 손에 죽고 그의 어머니 아달랴는 그 기회를 이용

해서 손자들을 모두 처형하고 남유다 왕위를 찬탈했습니다. 아달랴는 아합과 이세벨의 딸로서 남유다에 바알 종교를 깊숙이 뿌리내린 장본인이었습니다. 그러나 그녀의 재위 7년에 제사장 여호야다의 반격으로 아달랴는 죽임을 당했고, 다시 다윗의 후손인 요아스가 7세에 남유다의 왕위에 오르게 되었습니다. 어린 나이에 왕위에 오른 요아스는 제사장 여호야다의 도움을 받아 성전을 성공적으로 보수하는 일을 했습니다.

그러나 제사장 여호야다가 죽은 후 남유다는 다시 우상숭배하는 자리로 내려가게 되었습니다. 하나님은 이러한 요아스를 징계하시기 위해서 아람 왕 하사엘로 남유다를 공격하게 했습니다. 이 일로 말미암아 요아스는 그의 조상들이 성전과 왕궁에 바친 성물과 금을 가져다가 아람 왕 하사엘에게 바쳤던 것입니다.

첫째, 이스라엘 왕 여호아하스(1~9절)

■ 1~3절에 보면

① 오므리 왕조를 무너뜨린 예후가 죽자 남유다 아하시야의 아들 요아스 23년에 여호아하스가 북이스라엘의 왕이 되었습니다(BC 815년).

② 여호아하스는 17년 동안 북이스라엘의 왕으로 있으면서 이스라엘의 선조 왕인 느밧의 아들 여로보암의 죄를 답습했습니다. 즉 우상숭배와 도덕적 부패에 빠졌던 것입니다.

③ 이에 대해서 하나님께서 징계하셨는데 아람 왕 하사엘을

통해서 북이스라엘을 어렵게 하신 것입니다.

■ 4절에서

① 아람 왕 하사엘로부터 학대를 당하던 북이스라엘 왕 여호아하스가 하나님께 기도하였습니다. 즉 여호아하스가 하나님께 엎드려 도움을 청했던 것입니다. 우상숭배자도 하나님께로 나아와 기도하면 여호와께서 들으십니다.

② 하나님께서는 악한 여호아하스라도 회개하고 하나님을 찾으니 그 부르짖음을 들으십니다.

③ 아합이 나봇의 포도원을 강탈하고 하나님의 심판을 들은 뒤에 진실로 회개할 때 하나님께서 재앙을 유보하신(왕상 21장) 것에서도 알 수 있습니다.

④ 이처럼 하나님은 죄인을 심판하시기보다는 죄인이 회개하고 돌아서는 것을 원하신다는 것을 다시금 알 수 있습니다.

⑤ 또한 하나님은 은혜로우셔서 용서받을 수 없는 자를 용서하시는 하나님이십니다.

⑥ 동시에 하나님은 예후에게 4대에 걸쳐서 북이스라엘을 통치하게 하겠다는 약속을 지키십니다. 왜냐하면 여호아하스가 하사엘에게 망하면 그 약속은 이루어질 수 없기 때문입니다. 여기서 하나님은 악한 인간에게 한 약속이라도 신실하게 지키시는 하나님이십니다.

■ 5절에서

① 하나님은 구원자를 보내서 이스라엘 자손을 아람 사람 손에서 벗어나게 했습니다.

② 여기서 구원자란 엘리사 예언자를 가리킬 수도 있고, 앗시리아를 가리킬 수도 있습니다. 북메소포타미아에 위치한 앗수르가 커져서 아람을 공격했습니다. 따라서 이스라엘을 괴롭히던 아람도 앗수르의 공격에 맥을 못 추면서 이스라엘에 대한 공격을 멈출 수밖에 없었던 것입니다.

■ 7~9절은

① 이처럼 하나님의 은혜를 받은 여호아하스는 우상을 버리고 절대적으로 하나님만을 섬겨야 했습니다.

② 그러나 상황이 조금 나아지자 여호아하스는 다시금 본래의 악한 모습으로 되돌아가버렸습니다. 즉 하나님의 은혜를 너무 쉽게 망각한 것입니다.

③ 이처럼 은혜를 저버린 사람에게 하나님의 혹독한 심판이 옵니다. 아람 군대가 다시 무섭게 이스라엘을 덮쳤습니다. 그러니 "멸절하여 타작마당의 티끌같이"(왕하 13:7) 되었다고 했습니다.

④ 남아 있는 군대가 마병 50명, 병기 10개, 보병 만 명뿐이었습니다.

⑤ 여호아하스는 회개하고 돌이킨 후에 더욱 자신을 삼가고 조심했어야 합니다.

둘째, 이스라엘과 요아스(10~25절)

■ 10절에서

① 북이스라엘의 왕 여호아하스가 죽은 뒤에 그의 아들 요아스가 BC 801년에 왕위에 오릅니다.

② 여기서 남유다의 요아스 왕과 혼동해서는 안 됩니다. 남유다의 요아스 왕(BC 837~800) 말년에 북이스라엘의 요아스가 왕이 되었습니다.

③ 북이스라엘의 요아스(Joash) 왕은 BC 801~786년까지 16년간 다스렸습니다.

■ 11~13절에서

① 요아스 왕은 아버지 여호아하스와 마찬가지로 우상숭배의 죄를 계속해서 저질렀습니다. 즉 선대 왕들의 악한 틀을 깨고 나오지 못한 것입니다.

② 이처럼 하나님 보시기에 악을 행했지만 요아스 왕은 이상하게도 엘리사에 대해서만은 극진했습니다.

■ 14절에서

① 하나님의 사람 엘리사가 죽을병이 든 것을 알 수 있습니다.

② 이에 이스라엘 왕 요아스가 엘리사에게 와서 하염없이 눈물을 흘립니다.

③ 왕은 엘리사 선지자를 향해서 "내 아버지여 내 아버지여 이스라엘의 병거와 마병이여"라고 했습니다. 즉 엘리사는 요아스에게만 아니라 온 이스라엘의 영적 아버지였음을 말합니다. 동시에 "병거와 마병이여"라고 한 것은 바로 하나님이 이스라엘을 지키는 힘이요 군대라는 것입니다.

실제로 열왕기하 6장에서 엘리사는 아람 군대의 침입 경로를 알아 이스라엘 왕에게 알려주어서 대비하게 했습니다.

■ 15~18절에서

① 엘리사는 요아스 왕에게 활과 화살들을 가져오게 했습니다.

② 그리고 동쪽 창을 열어서 구원의 화살을 쏘게 하였습니다. 엘리사는 요아스 왕에게 '이 화살은 아람에 대한 구원의 화살' 이라고 했고, 아람 사람을 멸절하도록 쏘라고 하였습니다.

③ 그런데 이스라엘 왕 요아스는 화살을 세 번 쏘고 그쳤습니다.

■ 19절에서

① 엘리사는 왕에게 노하여 대여섯 번 쏘지 왜 세 번만 쏘았느냐고 했습니다. 그렇게 했으면 아람을 진멸했을 것이라고 하였습니다.

② 그러니 이제 요아스 왕은 세 번만 아람을 이길 것이라고 했습니다.

③ 여기서 요아스가 세 번만 화살을 쏜 것은 그 당시 사람들은 일반적으로 3을 완전 숫자로 알고 있었기 때문입니다. 그러니 인간적인 생각으로 세 번만 쏘고 그쳤던 것입니다.

④ 여기서 문제는 하나님의 방식대로 하나님께 순종하는 것이 아니라 우리의 방식대로 하나님께 순종하는 것입니다. 즉 우리의 일반적인 생각과 관습으로 하나님을 제한해버리는 것입니다. 아무리 물이 많아도 우리의 그릇만큼 물을 담습니다.

⑤ 엘리사는 이렇게 인간적인 생각으로 하나님의 축복을 제한한 요아스 왕에게 화를 낸 것입니다.

■ 20~21절에서

① 엘리사가 죽었습니다.

② 그리고 시체들이 엘리사의 뼈에 닿자마자 곧 살아나는 역사도 일어났습니다.

■ 22~25절에서

① 하나님께서는 아브라함과 이삭과 야곱과 세운 언약 때문에 이스라엘에게 은혜를 베푸셨다는 것입니다.

② 즉 하나님의 구속 역사는 인간들의 불신앙 때문에 중단되지 않는다는 것입니다.

③ 하나님은 약속대로 여호아하스 때 빼앗긴 성읍들을 요아스 때 다시 회복하게 하십니다. 하나님의 말씀대로 요아스는 세 번 아람을 이겼습니다.

셋째, 엘리사의 행적과 기적들

① 요단 강을 갈라지게 함(왕하 2:13~14)

② 물 근원을 정화시킴(왕하 2:19~22)

③ 엘리사를 놀려댄 청년들을 심판함(왕하 2:23~24)

④ 모압과 전쟁 시 골짜기에 물이 가득하게 함(왕하 3:1~27)

⑤ 과부의 기름 그릇을 채움(왕하 4:1~7)

⑥ 수넴 여인의 죽은 아들을 살려냄(왕하 4:8~37)

⑦ 가루로 국을 해독시킨 사건(왕하 4:38~41)

⑧ 보리떡 20개로 100명을 먹인 일(왕하 4:42~44)

⑨ 나아만 장군을 치유함(왕하 5장)

⑩ 물 위에 떠오른 쇠도끼(왕하 6:1~7)

⑪ 아람 군대의 침입을 미리 앎(왕하 6:8~10)

⑫ 불병거로 도단 성을 지킴(왕하 6:11~23)

⑬ 사마리아의 기근과 해결(왕하 6:24~7:20)

⑭ 수넴 여인을 지켜줌(왕하 8:1~6)

⑮ 엘리사와 하사엘(왕하 8:7~15)

⑯ 예후로 왕이 되게 함(왕하 9:1~3)

⑰ 엘리사가 임종 시 요아스에게 활을 쏘게 함(왕하 13:14~19)

⑱ 시체가 엘리사의 뼈에 닿자 소생함(왕하 13:21)

…결론

하나님은 우상숭배하는 자를 심판하십니다. 그러나 죄악된 길에서 죄를 깨닫고 회개하고 돌이킬 때 하나님은 용서해 주시고 회복시켜 주십니다. 또한 하나님은 우리가 어떤 사람이냐에 따라 약속을 이행하시는 분이 아니라 우리가 악한 자라도 우리에게 약속하신 것을 지키시는 분임을 알 수 있습니다.

성도 여러분, 하나님은 우리를 징계하기를 원하는 분이 아닙니다. 우리를 구원하시고 약속대로 축복하시기를 원하는 분이십니다. 그러니 우리 하나님을 언제나 변함없이 섬기고 순종해서 형통한 삶을 살고 하늘의 복을 누리면서 사시기를 바랍니다.

· 열왕기하 강해 14

유다 왕 아마샤

열왕기하 14:1~22

열왕기하 13장은 북이스라엘 왕인 여호아하스와 요아스에 대해서, 14장은 남유다 왕인 아마샤에 대해서 기록하고 있습니다.

이미 살펴본 대로 11, 12장에서 남유다의 아하시야 왕이 예후에게 죽고, 아하시야의 어머니이자 아합 왕의 딸인 아달랴도 죽임당했습니다. 그리고 아하시야의 아들인 요아스 왕은 극적으로 복권해서 종교개혁, 성전 보수 공사를 했습니다. 그러나 그를 후원한 제사장 여호야다가 죽은 후에 세속적으로 흐르다가 부하들에게 죽임당했습니다. BC 800년에 요아스 왕의 아들 아마샤(Amaziah 800~783년)가 왕위에 올랐습니다. 그는 여호와 보시기에 비교적 옳은 일을 했지만 3절에서 그의 조상 다윗만큼 올바른 일을 하지는 못했다는 평가를 받습니다.

여기서 북이스라엘 왕에 대한 평가 기준과 남유다 왕의 평가 기준을 볼 수 있습니다. 북이스라엘은 느밧의 아들 여로보암의 길로 간 왕은 악한 왕이고, 남유다에서는 다윗의 길로 갔는지 여부로 선한 왕인지 악한 왕인지를 가릅니다.

다윗 왕처럼 행하지는 않았지만 비교적 선한 일을 했다고 평가받은 아마샤 왕을 살펴보고자 합니다.

첫째, 아마샤의 성공(1~7절)

① 1~2절에서 아마샤는 아버지 요아스의 뒤를 이어 남유다 9대 왕으로 즉위했습니다. 그의 어머니는 여호앗단으로 예루살렘 사람이었습니다. 여호앗단이란 이름은 '여호와 하나님은 기쁨' 이라는 뜻입니다. 여기서 어머니의 이름을 소개한 것은 아마샤가 하나님 보시기에 정직히 행하는 데 영향을 준 것으로 생각됩니다. 이처럼 자녀를 좋은 리더로 세우는 데에 좋은 어머니의 역할이 있었습니다.

② 3~4절에서 아마샤는 여호와 보시기에 정직히 행하였다고 했습니다. 그러나 다윗에게는 못 미친다고 했습니다. "아마샤가 여호와께서 보시기에 정직하게 행하기는 하였으나 온전한 마음으로 행하지 아니하였더라"(대하 25:2)고 했습니다. 하나님을 믿고 따르기는 했지만 자기 생각도 많고 자만심도 강했다는 것입니다. 산당을 제거하지 않아서 종교의 혼합이 일어나고 있음을 말합니다.

③ 5~6절에서 아마샤는 먼저 부왕인 요아스를 배신한 신하들을 찾아내어 숙청합니다. 즉 요사갈과 여호사바드(왕하 12:21)입니다. 왕을 배신한 자를 처형함으로써 국가의 기강을 바로 잡으려고 하는 것입니다.

그런데 여기서 왕을 죽인 자의 자녀들을 죽이지 않았습니다. 에서 "아버지는 그 자식들로 말미암아 죽임을 당하지 않을 것이요 자식들은 그 아버지로 말미암아 죽임을 당하지 않을 것이니 각 사람은 자기 죄로 말미암아 죽임을 당할 것이니라"(신 24:16)고 했기 때문입니다.

과거에 우리나라나 중국에서 반역자의 삼족을 멸하는 것과는 사뭇 다릅니다. 이처럼 아마샤는 통치 초반에는 하나님의 법에 의해 처결하는 균형 잡힌 왕이었습니다.

④ 7절에서 아마샤가 에돔과 전쟁합니다.

국내를 안정시킨 아마샤는 밖으로 눈을 돌렸습니다. 그래서 끊임없이 유다 남방 국경을 침략해 온 에돔을 징벌하기로 합니다. 에돔을 치려면 막강한 군사력이 있어야 하는데 출동 가능한 병력은 30만 정도였습니다(참고 : 아사 왕(5대) 때 58만 명, 여호사밧 왕(6대) 때 116만 명이었습니다).

그래서 아마샤는 전쟁하기에 앞서 하나님께 기도해야 했지만 기도하지 않고 인간적인 방법을 동원했습니다. 북이스라엘로부터 용병 10만 명을 수입해서 부족한 군사력을 보충하는 것이었습니다. 이에 들어간 돈이 은 100달란트였습니다(대하 25:6, 참고 : 은 1달란트는 6,000드라크마, 1드라크마는 그 당시 노동자 하루 품삯에 해당되는 돈).

아마샤와 요아스의 전쟁

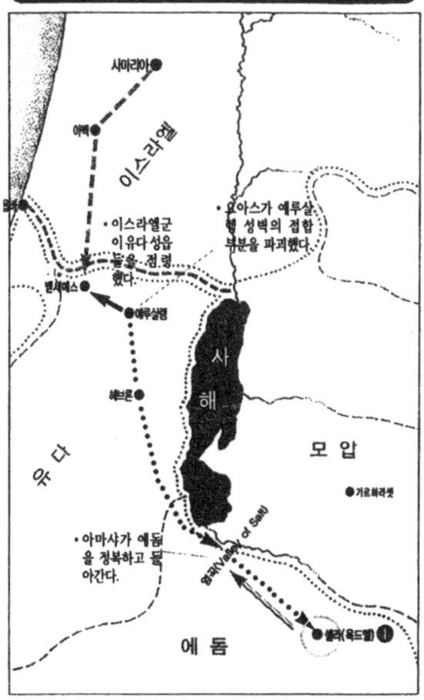

이때 하나님의 사람이 아마샤에게 와서 북이스라엘 용병을 전쟁터에 데려가지 말라고 합니다(대하 25:7). 하나님께서 패역한 북이스라엘 군대와 함께하지 않기 때문이고, 사람을 의지하지 말고 오직 하나님을 의지하라는 의미입니다. "하나님이 왕을 적군 앞에 엎드러지게 하시리이다 하나님은 능히 돕기도 하시고 능히 패하게도 하시나이다"(대하 25:8)라고 했습니다. 즉 전쟁의 승패가 군대 숫자와 전투력에 달린 것이 아니라 오직 하나님의 손에만 있다는 것입니다.

이에 아마샤가 용병을 데리고 전쟁에 나가는 것을 포기합니다. 그리고 돌려보냈습니다. 그렇다고 이미 지불한 은 100달란트를 돌려받지는 못합니다.

그런데 이스라엘 용병들은 돌아가는 길에 유다 여러 마을들을 닥치는 대로 노략질하고 무차별 살육했습니다(참고 : 미국 정치학자 찰머스 존슨은 이런 것을 'Blow back'(역타격)이라고 했습니다.)

아마샤는 하나님의 은혜로 소금 골짜기에서 에돔 군사 1만 명을 죽이는 대승을 거두었습니다. 그리고 에돔의 수도 셀라까지 점령한 뒤 지명을 '욕드엘'(Yoktheel)로 바꾸었습니다. '하나님에 의해 정복된 곳'이라는 뜻입니다.

그런데 전쟁에서 승리한 후 전리품을 가져왔는데 그중에 에돔의 우상까지 가져와서 숭배하기에 이릅니다. 즉 하나님이 싫어하시는 일을 한 것입니다.

하나님은 한 선지자를 보내서 아마샤의 잘못된 행위를 지적했습니다(대하 25:16). 그랬더니 아마샤가 "우리가 너를 왕의 모사로 삼았느냐 그치라 어찌하여 맞으려 하느냐"고 했습니다. 전쟁에서 승리한 아마샤가 하나님의 선지자를 위협할 정도로 교만해진 것을 볼 수 있습니다.

둘째, 아마샤의 실패(8~22절)

① 8절에서 아마샤는 에돔을 무너뜨리고 교만해져 이번에는 북이스라엘 왕인 요아스에게 싸움을 걸었습니다. 사실 북이스

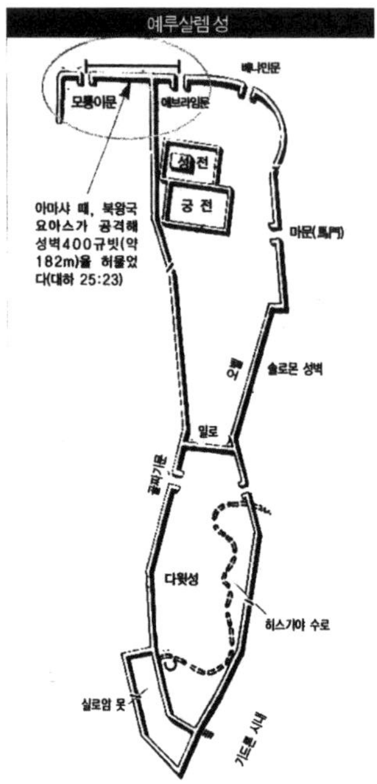

라엘은 에돔과 상대가 안 될 정도로 강했습니다.

② 9~10절에서 북이스라엘의 왕 요아스는 즉시 무서운 경고를 아마샤에게 보냈습니다. '가시나무가 어찌 백향목에게 딸을 달라 하느냐' 즉 "네가 에돔을 쳐서 파하였으므로 마음이 교만하였으니 스스로 영광을 삼아 왕궁에나 네 집으로 돌아가라 어찌하여 화를 자취하여 너와 유다가 함께 망하고자 하느냐"고 했습니다.

③ 11~14절에서 교만한 아마샤는 물러서지 않고 북이스라엘과 벧세메스에서 전쟁을 했습니다. 이 전쟁에서 유다 군대(아

마샤)는 이스라엘 군에게 참패를 당하고 사방으로 흩어졌습니다. 아마샤가 에돔과 전쟁할 때는 하나님을 의지했지만 북이스라엘과 전쟁할 때는 우상숭배를 했었고, 교만했습니다. 북이스라엘의 군대는 남유다를 이기고 계속해서 예루살렘까지 와서 아마샤를 비롯한 많은 사람을 포로로 삼았고, 예루살렘 성벽을 에브라임 문에서부터 성 모퉁이 문까지 400규빗(약 183m)을 무너뜨렸습니다. 그리고 성전과 왕궁 안에 있는 수많은 금은 보화를 거침없이 약탈해 갔습니다.

④ 15~16절에는 북이스라엘이 남유다와 싸워 이긴 것이 기록에 남아 있고, 그리고 북이스라엘 왕 요아스가 죽고 그 아들 여로보암 2세가 왕위에 등극했음을 말합니다.

⑤ 17~18절에서는 남유다 왕 아마샤가 북이스라엘 왕 요아스가 죽은 뒤로 15년을 더 살았음을 말합니다.

⑥ 19~20절에서는 전쟁에서 패배하고 북이스라엘에 포로로 잡혀갔다 돌아온 아마샤를 무리들(군중들)이 죽였습니다. 즉 부하들에게 배신당해 죽었던 아버지 요아스처럼 아마샤도 내부 반란으로 비참하게 죽은 것입니다.

⑦ 21~22절에서 아마샤의 아들 아사랴(웃시야)가 남유다의 왕으로 등극하였습니다. 그때 아사랴(웃시야)의 나이는 16세였습니다.

…결론

아마샤 왕의 성공과 실패는 너무나 분명합니다. 그가 하나님을 경외하고 하나님의 말씀에 순종했을 때 에돔을 이기는 역사가 일어났습니다. 그러나 전쟁에서 승리한 후에 교만해져서 에돔에서 가져온 우상을 섬길 때 북이스라엘과의 전쟁에서 패하고, 자신도 포로가 되었으며, 끝내는 백성들에게 죽임을 당하고 말았습니다.

분명한 것은 겸손하고, 하나님을 의지하고, 하나님을 경외하면서 말씀에 순종할 때 복도 받고, 전쟁에서 승리도 하고, 존경받는 왕이 되는 것입니다. 그러나 교만하면 패망합니다.

성도 여러분, 언제 어디서든지 겸손하고, 하나님을 경외하고, 하나님의 말씀에 순종해서 하나님께 복받고 사람들에게는 존귀함을 얻는 자가 되시기를 바랍니다.

북이스라엘 왕 여로보암 2세

열왕기하 14:23~29

열왕기하 14장 1~22절에서 살펴본 대로 남유다 왕 아마샤에게 잊을 수 없는 패배를 안겨 준 이스라엘 왕 요아스가 남유다 왕 아마샤보다 먼저 세상을 떠났습니다(BC 786년). 그래서 그의 아들 여로보암이 뒤를 이어 왕위에 오르게 되었습니다. 이 사람이 바로 북이스라엘의 200년(BC 922~722년) 역사 속에서 최고의 전성기를 이룩한 여로보암 왕(BC 786~746년)입니다. 이 사람을 성경은 요아스의 아들 여로보암 왕이라고 부릅니다.

그런데 BC 922년에 이스라엘이 북이스라엘과 남유다가 나뉘어질 때 북이스라엘을 세운 왕도 느밧의 아들 여로보암이기에 성서학자들은 두 사람을 구분하기 위해서 BC 786년 왕위에 오른 요아스의 아들 여로보암을 여로보암 2세라고 부릅니다.

여로보암 2세의 이름 뜻은 '백성이 번성케 되기를 원한다' 입니다. 그 이름 그대로 여로보암 2세는 41년 동안 왕위에 있으면서 북이스라엘을 안정과 번영의 나라로 올려놓았습니다.

첫째, 여로보암 2세의 치적 및 국제 정세

■ 그의 치적을 살펴보면 열왕기하 14장 25절에서 "여로보암이 이스라엘 영토를 회복하되 하맛 어귀에서부터 아라바 바다까지 하였으니" 라고 했습니다.

① 하맛(Hamath)은 아람(오늘의 시리아)의 수도 다메섹(Damascus)으로부터 215km 북쪽에 위치해 있었습니다. 이처럼 하맛은 이스라엘 쪽에서 보면 대단히 먼 거리에 있는 북방 도시였습니다.

② 하맛은 상업적으로 크게 번성했던 도시였습니다.

③ 역사적으로 이스라엘 국토가 가장 넓게 확장되었던 다윗 시대에는 한때 이곳까지 영토를 넓히기도 했습니다. 사무엘하 8장 9~12절에 보면 다윗이 하맛을 점령한 것을 알 수 있습니다. 그러나 다윗 왕 때 하맛까지 미친 이스라엘의 영향력은 오래 지속되지 못하였습니다. 그러나 여로보암 2세는 이스라엘 역사상 가장 영토가 넓었던 다윗과 솔로몬 시대의 영토를 회복했습니다.

■ 여로보암 왕은 동쪽으로 요단 강 동편 지역(Trans Jordan)도 장악했습니다.

① 아모스 6장 13절에 보면 "로드빌을 정복했다고 좋아하며 제 힘으로 카르나임을 차지했다고 뻐기는 자들아"(공동번역)이라고 했습니다. 여기서 로드빌(Lo-debar)과 "카르나임"(Kar-naim)은 지명(地名)입니다.

② 이 두 곳은 요단 강 동편 지역의 국제교역 통로(왕의 대로 "King' s Highway")에 놓여 있던 중요한 상업도시였습니다. 이 두 도시를 여로보암 2세가 빼앗음으로써 이스라엘은 아라비아 반도로부터 다메섹까지 왕래하는 국제교역의 이권을 장악했습니다. 그 결과 이스라엘은 막대한 경제적인 이득을 취하게 되었습니다.

■ 그 당시의 국제 정세를 살펴보면

① 항상 북이스라엘과 남유다를 괴롭히던 아람이 신흥대국 앗수르의 침공을 받아 수도 다메섹까지 점령당하였습니다.

② 이처럼 아람 나라를 공격하던 앗수르는 또 다른 북방세력인 '우라라트'(Urartu, 이란 북쪽 지역)를 막기 위해 서쪽에 신경쓸 여력이 없었습니다. 그리고 계속 약한 왕들이 앗수르를 통치하게 되어 외국 정복을 펼칠 수가 없었습니다.

③ 바로 이런 때에 여로보암 2세가 북이스라엘을 다스렸던 것입니다.

■ 왕하 14장 25~27절에 보면

① 25절－"이스라엘의 하나님 여호와께서 그의 종 가드헤벨 아밋대의 아들 선지자 요나를 통하여 하신 말씀과 같이 여로보암이 이스라엘 영토를 회복하되 하맛 어귀에서부터 아라바

바다까지 하였으니", 26절-"이는 여호와께서 이스라엘의 고난이 심하여 매인 자도 없고 놓인 자도 없고 이스라엘을 도울 자도 없음을 보셨고", 27절-"여호와께서 또 이스라엘의 이름을 천하에서 없이 하겠다고도 아니하셨으므로 요아스의 아들 여로보암의 손으로 구원하심이었더라"

② 과거의 이스라엘은 극심한 환난 중에 처해 있었습니다. 그러나 이러한 어려운 가운데 있는 이스라엘을 하나님께서 불쌍히 여기셔서 이스라엘을 구원하셨다는 것입니다.

③ 이렇게 하나님의 은혜 속에 여로보암 2세가 태평성대를 이루었지만 24절에서 "여호와 보시기에 악을 행하여 이스라엘에게 범죄하게 한……여로보암의 모든 죄에서 떠나지 아니하였더라"고 했습니다.

- 즉 여로보암은 하나님 대신 우상숭배를 했습니다.
- 여로보암은 자신의 모든 성공이 하나님께로부터 왔음을 알지 못하고 하나님을 떠나 우상을 섬겼습니나.
- 이처럼 사람이 성공하면 배후에서 역사하고 계시는 하나님을 무시하고 교만해져서 하나님을 버리게 되는 경우가 많습니다.
- 그래서 그토록 강성했던 북이스라엘이 여로보암이 죽은 뒤 30년이 못 되어서 앗수르의 손에 망하게 되었습니다.

둘째, 여로보암 시대의 예언자 아모스

■ 예언자 아모스는

① BC 750년경에 북이스라엘에서 활동하였습니다.

② 아모스는 남유다 왕국의 드고아(Tekoa) 출신이었습니다. 드고아는 예루살렘에서 남쪽으로 16km 정도 떨어진 산악지대에 위치한 도시였습니다.

③ 아모스는 북왕국의 대성전이 있었던 벧엘에서 하나님의 말씀을 선포했습니다.

■ 여로보암 2세 시대의 (사회적)죄

① 아모스 2장 6~7절에서 은을 받고 의인을 판다고 했습니다. 이 말씀은 재판관이 은을 받고 죄없는 의인을 죄인으로 정죄하는 것을 가리킵니다. 즉 부패한 재판 제도를 가리킵니다.

② 신발 한 켤레를 받고 궁핍한 자를 파는 것입니다. 이것은 적은 부채를 갚지 못하는 가난한 자들을 부유한 채권자가 힘없는 빚진 자를 종으로 팔아 넘기는 것을 가리킵니다. 즉 부유한 자들이 사회적 약자들에게 자행하는 횡포나 비인도적인 잔인성을 말해줍니다.

③ '힘 없는 자의 머리를 티끌먼지 속에 발로 밟고 연약한 자의 길을 굽게 한다' (암 2:7). 머리 위에 있는 아무 가치 없는 티끌까지도 탐내는 가진 자들의 끝없는 탐욕을 보여줍니다.

④ "연약한 자의 길을 굽게 한다"는 것은 바른 길을 굽히게 하는 것을 가리킵니다. 즉 정의를 버리는 것입니다.

■ 여로보암2세 시대의 죄(종교적)

① 아모스 2장 7~8절에서 윤리적인 타락을 언급하고 있습니다. 즉 아비와 아들이 성전 안에 있는 한 창기에게 드나드는 것을 가리킵니다.

② 바알 종교와 밀착되어 있는 신전 창기 제도를 가리킵니다.

③ 부자들이 가난한 자의 저당잡힌 옷을 밤이 되어도 돌려주지 않고 오히려 제단 옆에 그 옷을 펴고 그 위에서 뒹굴고 있습니다. 즉 이스라엘 사람의 종교적 가식과 허위를 나타내고 있습니다.

■ 이러한 죄는 하나님의 은총의 역사에 대한 이스라엘의 배신입니다(암 2:9~10).

■ 그래서 하나님은 이러한 이스라엘을 심판하겠다고 말씀하십니다(암 3:1~2).

■ 그러나 아모스 9장 13~15절에 보면 하나님은 심판받은 이스라엘을 다시 일으켜 세워주실 것을 말씀합니다.

셋째, 여로보암 시대의 예언자 요나

■ 요나서의 연대에 관하여는 많은 논란이 있습니다. 즉 요나를 여로보암 시대에 예언 활동을 한 사람이라고 보기도 합니다. 그러나 대다수의 성서학자들은 포로기 이후의 예언자로 보고 있습니다.

■ 요나는 '비둘기' 라는 뜻을 가졌습니다. 아밋대의 아들이며, 갈릴리 근방에 있는 다볼 산에서 북쪽으로 8km 떨어진 곳에서 출

생했습니다.

■ 요나는 여로보암 2세 때 다메섹과 하맛을 차지할 것을 예언했습니다(왕하 14:25).

■ 요나가 앗수르의 수도 니느웨에서 메시지를 선포한 때는 당시 앗수르가 내부적인 혼란과 북방 우라라트(Urartu)와 같은 외부의 적으로부터 압력을 받을 때였습니다.

■ 요나서에서 주는 중요한 메시지는

① 하나님은 이스라엘의 울타리를 벗어나서 세계 모든 민족을 사랑하고 계심을 보여줍니다. 즉 하나님은 이스라엘의 압제자 앗수르 백성도 구원하시기 위해서 예언자를 그곳에 보내신 것입니다.

② 그러나 요나는 편협한 생각에서 그의 사명을 거부하다가 강권적인 하나님의 역사 앞에 순종하게 됩니다.

③ 여기서 하나님의 은총과 사랑은 이스라엘에게만 독점될 수 없음을 밝히 보여줍니다.

④ 회개(repentance)의 중요성을 보여줍니다. 이스라엘의 증오의 대상이었던 앗수르 사람까지도 회개하였을 때 하나님은 용서하시고 징벌을 취소하셨습니다. 하나님은 과거의 어떤 죄라도 회개하는 자는 용서해 주시고 새롭게 회복시켜 주십니다.

…결론

여로보암 2세가 다스릴 때 북이스라엘은 역사상 정치, 군사, 경제적으로 최고의 전성기였습니다. 그러나 신앙적으로는 하나님을 떠나 우상을 섬기는 암흑기였습니다. 경제적으로 부유해진 국민들이 도덕적으로 타락해졌습니다. 이렇게 신앙적으로 하나님을 떠나서 타락한 이스라엘은 곧 멸망하게 된 것입니다.

성도 여러분, 경제적으로 윤택하게 되고 평강을 누릴 때 더욱더 겸손해져야 합니다. 그리고 은혜를 베푸신 하나님을 기억해야 합니다. 만약 교만해지고, 타락해지고, 하나님을 떠나면 북이스라엘처럼 얼마 못 가서 하나님의 심판을 받아 망하게 되는 것입니다.

성도 여러분, 언제든지 겸손하시고 하나님만을 열심히 섬겨서 계속해서 앞날이 하나님께서 함께 하시는 형통한 날이 되기를 기원합니다.

남유다 왕 웃시야와 북이스라엘의 왕들

열왕기하 15:1~38

북이스라엘은 여로보암 2세(786~746년)의 등장으로 북이스라엘 200년 역사에서 황금시대를 맞이했습니다. 북이스라엘의 땅이 '하맛 어귀에서부터 아라바까지' 회복됨으로써 다윗, 솔로몬 시대와 영토가 같아졌습니다. 또한 남유다도 웃시야 왕(아사랴)의 등장으로 국력이 크게 회복되었습니다. 그리고 여로보암 2세와 웃시야 왕 시대에 평화로운 관계가 유지되었습니다.

그런데 문제는 북이스라엘, 남유다가 하나님의 은혜로 부유하고 강대한 나라가 되자 북이스라엘은 부패와 우상숭배로 하나님께 범죄하기 시작했습니다. 선지자 아모스와 호세아의 외침도 듣지 않았습니다. 그 결과 여로보암이 죽은 뒤 24년 후에 북이스라엘은 앗수르에게 멸망당하고 말았습니다. 또한 남유다 역시 나라가 안정되고 강해지니까 웃시야 왕이 교만해졌습니다. 그래서 하나님의 진노로 문둥병이 걸려서 고생하다가 죽었습니다(왕하 15:5).

이렇듯 하나님의 은혜로 부유하고 강해진 뒤에 어떻게 사느냐가 중요합니다.

첫째, 웃시야 왕의 성공과 실패

■ 1~2절에 보면

① 남유다에서 아마샤의 아들 아사랴가 왕이 되었습니다.

② 이때가 아마샤가 북이스라엘 왕 요아스 시대에 북이스라엘과의 전쟁에서 패배했을 때입니다. 열왕기하 14장 13절에 보면 아마샤가 북이스라엘의 포로가 되었습니다.

③ 웃시야 왕은 성경에서 '아사랴' 라고도 합니다. 웃시야는 '여호와는 나의 도움' 이란 뜻이고 아사랴는 '여호와는 나의 힘' 이란 뜻입니다.

④ 웃시야의 어머니는 '여골리야' 인데 16세에 왕이 된 웃시야를 바르게 가르친 분입니다.

■ 3절에 보면 웃시야 왕의 치적은 한 절로 되어 있지만 역대하 26장 1~15절에는 좀 더 자세하게 기록하고 있습니다.

① 웃시야 왕은 국방에 힘을 썼습니다.

- 오랜 대적인 남서쪽에 있는 블레셋을 물리쳤습니다. 그래서 가드와 야브네, 아스돗과 같은 성을 차지했습니다.
- 또한 오래 전부터 이스라엘 국경을 위협해 온 아라비아와

마온 부족들을 쳐서 이겼습니다.

- 그 결과 암몬까지도 웃시야 왕에게 조공을 바치게 되었습니다.
- 그래서 남유다의 영토가 애굽까지 이르는 광대한 지역을 차지하게 되었습니다.
- 그리고 웃시야는 예루살렘을 요새화했고, 무너진 성벽들(아버지 시대에 무너진 것)을 보수하고 망대를 견고히 세웠습니다.
- 군대를 체계적으로 관리하기 시작했습니다. 그래서 족장이 2,600명, 그리고 군대 수가 307,500명이 되었습니다.
- 그리고 무기들을 개발하여 "큰 돌을 쏘게" 하였는데(대하 26:15) 구식 대포인 투석기를 만들었다는 것입니다.
- 이렇게 군사력이 강해지니까 주변 나라들이 남유다와 전쟁을 하려고 하지 않았습니다(예 : 손자병법에서 '벌모(伐謨)' 라는 적을 격파하는 계책).

② 경제적인 면

- 먼저 엘랏(Ellat) 항구를 복원(홍해 아카바 만 북쪽에 있는 항구 도시)했습니다. 이 곳은 무역의 중심지가 되는 곳입니다.
- 물 웅덩이를 많이 파서 농사에 필요한 수자원을 충분히 확보했습니다.
- 많은 가축을 기르는 목축업을 성장시켰습니다.
- 좋은 밭에 농사를 짓고 포도원을 세웠습니다.
- 그리고 군사력과 경제를 안정시킨 뒤에 무역을 통해서 나

라를 풍요하게 만들었습니다.

③ 이렇게 웃시야가 정치, 경제, 군사적인 면에서 안정과 부강을 가져올 수 있었던 이유는 무엇이었습니까?

- 사실 웃시야는 아버지 아마샤의 말년의 비참함을 보고 자랐습니다.
- 그런데 하나님께서 웃시야에게 아주 좋은 분을 붙여주셨습니다. 그 사람이 바로 스가랴입니다. "(웃시야가) 하나님의 묵시를 밝히 아는 스가랴가 사는 날에 하나님을 찾았고 그(웃시야)가 여호와를 찾을 동안에는 하나님이 형통하게 하셨더라"(대하 26:5)고 했습니다.
- 여기서도 분명히 알 수 있는 것은 하나님을 바라보고 의지할 때 하나님께서 은혜를 베푸십니다. 따라서 웃시야의 성공은 그의 힘으로 된 것이 아니라 하나님의 은혜요, 축복이었습니다. 그래서 "하나님이 그를 도우사"(대하 26:7) 그리고 "기이한 도우심을 얻어 강성하여짐이있더라"(대하 26:15) 고 했습니다. 이처럼 하나님은 하나님을 의지하는 자를 초자연적인 은총으로 축복해 주십니다.

■ 웃시야 왕의 실패(4~7절)

4~5절에서 웃시야 왕이 실패한 원인을 볼 수 있습니다.

① 산당을 그대로 두었습니다. 산당 제사는 하나님이 금하신 것입니다(민 33:52). 왜냐하면 그곳에서 하나님이 혐오하시는 인신제사, 복술, 종교적 음행이 이루어지기 때문입니다.

② 5절에 "여호와께서 왕을 치셨으므로 그가 죽는 날까지 나

병환자가 되어……" 라고 했습니다. 그 이유는

- 나라가 강해지니 웃시야가 교만해졌습니다. "그가 강성하여지매 그의 마음이 교만하여 악을 행하여"(대하 26:16).
- 웃시야가 교만해지니까 대제사장이 매일 아침, 저녁 성소에서 분향하는 일을 자신이 하겠다고 나섰습니다. 대제사장 아사랴와 80명의 제사장들이 이를 막았습니다. "이것은 하나님을 거역하는 죄이니 중단하라" 고 했습니다. 그럼에도 불구하고 '나는 무엇이든 못할 것이 없는 왕' 이라고 하면서 손에 향로를 잡고 분향하려 하다가 문둥병이 걸렸습니다.
- 여기서 웃시야는 욕심과 교만이 가득차게 되어 자기 분수를 잊었고, 하나님이 주신 한계를 망각했습니다. 그리고 하나님의 은혜에 감사하지 않았습니다.
- 이렇듯 하나님이 주신 한계에 순종하지 않고 거역할 때 나병에 걸리는 심판을 받을 것입니다.

둘째, 남유다 왕 요담의 통치(32~38절)

■ 32~33절에서 요담은 부왕 웃시야가 문둥병에 걸릴 때부터 아버지와 더불어 남유다를 다스렸습니다. 이때 그의 나이 25세였습니다. 그로부터 16년을 다스렸습니다.

■ 34~36절에 요담의 치적이 나옵니다.

① 먼저 그 부친 웃시야의 모든 행위대로 여호와께서 보시기

에 정직히 행하였습니다. 웃시야가 교만하여 벌받기 전을 가리킵니다.

② 요담이 아버지의 좋은 점을 본받게 된 데는 어머니의 역할이 컸습니다. 그의 어머니는 '제사장 사독의 딸 여루사' 였습니다.

③ 그는 할아버지 아마샤 때 헐린 성전 윗문을 건축하고, 오벨성을 증축했고, 예루살렘을 견고하게 했습니다(대하 27:3~4).

④ 그리고 아버지 웃시야가 저지른 죄를 생각해서 여호와의 전에 들어가지 않았습니다(대하 27:2).

⑤ 유다에 대드는 암몬을 평정해서 계속 조공을 바치게 했습니다.

■ 역대하 27장 6절에 보면, "요담이 그의 하나님 여호와 앞에서 바른 길을 걸었으므로 점점 강하여졌더라" 고 했습니다. 하나님의 성공 방정식입니다. 하나님 앞에 바르게 살 때 은혜를 베푸십니다.

■ 35절에 보면 요담의 실패가 나옵니다.

① '산당을 제하지 않은 것' 입니다. 이는 우상숭배를 할 수 있도록 뒷문을 열어주는 것입니다.

② 그래서 백성들은 계속해서 우상숭배를 했습니다.

③ 그래서 37절에서 아람 왕 르신과 북이스라엘의 왕 베가가 연합해서 유다를 쳤습니다.

■ 여기서 우리는 하나님을 섬기되 온전하게 섬겨야 함을 알 수 있습니다.

셋째, 북이스라엘의 왕들(8~31절)

■ 이스라엘 왕 스가랴(8~12절)

① 여로보암 2세의 아들 스가랴가 왕위에 올랐으나 6개월 만에 반역이 일어나 평민인 샬룸(Shallum)에 의해 죽습니다.

② 이로써 아합 왕가의 징계를 위해 북이스라엘의 왕이 되었던 예후 왕가는 4대로 막을 내렸습니다.

③ 스가랴는 계속해서 단과 벧엘에 있는 우상을 섬겼습니다.

■ 이스라엘 왕 살룸(13~15절)

① 평민이었던 살룸은 혁명을 일으켜 예후 왕가를 무너뜨렸으나 단 1개월을 통치한 후 뒤따라 혁명을 일으킨 가디의 아들 므나헴에 의해 죽습니다.

② 므나헴은 예후 왕가의 마지막 왕 스가랴의 군대장관으로서 옛날의 북왕국의 수도였던 디르사의 수비를 맡고 있었던 것 같습니다.

③ 이처럼 북이스라엘에 혼란이 계속됩니다. 앗수르는 다시금 큰 나라가 되어서 유프라테스 강 서쪽을 공격하기 위해서 준비하고 있었습니다.

■ 이스라엘 왕 므나헴(16~22절)

① 살룸 왕을 죽이고 혁명을 일으킨 므나헴은 스가랴 왕의 군대장관이었습니다.

② 그의 혁명은 잔인했습니다. 성문을 열어 환영하지 않는 딥사에 사는 많은 사람을 무자비하게 죽이고 심지어는 아이 밴

여인까지도 배를 갈라 죽였습니다.

③ 므나헴은 여호와 보시기에 악을 행하여 여로보암의 죄에서 떠나지 않았습니다.

④ 앗수르 왕 디글랏 빌레셀 3세(불)에게 공격을 받았습니다. 그때 므나헴은 은 일천 달란트를 조공으로 바침으로 불(Pul)을 물러가게 했습니다.

⑤ 그리고 므나헴은 그 조공액을 충당하기 위해 모든 부자들에게 세금을 거두었고, 한 사람당 50세겔씩 바치게 했습니다. 그 결과 나라는 피폐해져 갔습니다.

■ 이스라엘 왕 브가히야(23~26절)

① 아사랴가 유다 왕으로 있은 지 50년째 되는 해에 므나헴의 아들 브가히야가 이스라엘 왕이 되어 2년간 다스렸습니다.

② 브가히야 역시 여호와 보시기에 악을 행하여 여로보암의 길을 따라 갔습니다.

③ 브가히야는 자기 부하인 군대장관 베가의 반란으로 죽었습니다. 베가는 사마리아 왕궁 호위소에서 브가히야 왕과 그의 아들 아르곱과 아리에를 죽이되 길르앗 사람 50명과 더불어 죽였고 왕이 되었습니다.

■ 이스라엘 왕 베가(27~31절)

① 앗수르에게 바칠 조공을 내는 데 시달린 이스라엘 백성들은 므나헴의 반대편에 서 있었습니다. 그래서 베가의 정권을 지지했습니다.

② 베가가 20년을 통치했다고 하지만 실제로는 8년간 통치했

습니다. 그리고 요단 강 동쪽인 길르앗만 다스렸습니다. 나머지 12년은 므나헴과 대치한 기간이었습니다.

③ 앗수르 왕 디글랏 빌레셀 3세가 이스라엘을 공격해서 요단 강 동편 지역과 갈릴리 땅을 점령해서 많은 사람을 포로로 끌고 갔습니다.

④ 북이스라엘의 베가는 앗수르에게 죽임을 당하지 않았지만 얼마 후에 호세아의 반란에 의해서 죽었습니다. 호세아는 앗수르의 도움을 받아 왕위에 올랐습니다. 그래서 앗수르에게 완전히 종속되어서 허수아비 왕 노릇을 했습니다.

…결론

우리는 하나님의 은혜로 강성해진 북이스라엘의 여로보암 2세나 남유다의 웃시야 왕이 하나님의 은혜를 깨닫지 못한 것을 볼 수 있습니다. 그리고 강성해진 뒤에 교만해져서 하나님을 대적하는 것을 봅니다. 그리고 그 결과 나라는 망하여 갔고, 웃시야는 문둥병에 걸려 비참하게 죽었습니다. 이처럼 하나님의 은혜를 받고 강성해진 다음에 교만하면 바로 패망의 길로 가는 것을 역사 속에서 분명히 알 수 있습니다.

그러니 성도 여러분, 언제든지 겸손해야 하고, 잘될 때 더욱 겸손해야 합니다. 그리고 하나님을 의지해서 하나님이 내리시는 은혜와 놀라운 복을 계속 받아야 하는 것입니다. 그래서 자손 대대로 하나님께 영광 돌리는 가문이 되시기를 바랍니다.

남유다 왕 아하스

열왕기하 16:1~20

남유다 왕국의 13번째 왕인 아하스(BC 735~715년)는 남유다 왕국의 15대 왕이 되는 므낫세와 함께 유다 왕조 중에서 최악의 왕으로 평가되는 인물입니다. 이전의 왕들은 악행을 행하면서도 뉘우치고 선행도 했지만 아하스 왕은 통치 내내 악행만 한 왕이었습니다.

아하스는 20세에 왕위에 올랐습니다. 그리고 처음 4년은 아버지 요담과 함께 나라를 다스렸습니다. 우리가 이미 살펴본 대로 아버지 요담은 하나님 앞에 정직히 행했습니다. "요담이 그의 아버지 웃시야의 모든 행위대로 여호와께서 보시기에 정직히 행하였으나"(왕하 15:34)라고 했습니다. 그러나 아하스는 전혀 그러지를 못했습니다. 이처럼 아버지는 선한데 아들은 아버지와는 전혀 다른 길로 가는 경우를 볼 수 있습니다.

첫째, 아하스 왕의 악행(1~4절)

■ 1, 2절에서

① 아하스는 북이스라엘 왕 베가 시대에 남유다 왕 요담의 아들로 13번째 남유다 왕이 되었음을 알 수 있습니다.

② 그는 왕이 되어서 그의 조상 다윗처럼 하나님만을 섬기지 않았습니다.

③ 그래서 성경은 그가 하나님 보시기에 정직하게 행하지 않았다고 했습니다.

■ 3, 4절에서 아하스가 저지른 악행을 말하고 있습니다.

① 이러한 아하스의 악행에 대해서 역대하 28장에서 좀 더 자세하게 나옵니다.

② 아하스의 우상숭배가 얼마나 극심했는지 역대하 28장 2절에서 "이스라엘 왕들의 길로 행하여 바알들의 우상을 부어 만들고"라고 했습니나.

③ 또한 힌놈 골짜기에서 자식을 불에 태워 몰렉 우상에게 희생제사를 드렸습니다. 주로 암몬 사람들이 숭배하던 신이 몰렉입니다. 몰렉은 불과 번개, 그리고 전쟁과 역병을 가져오는 파괴의 신으로 생각했고 바로 그런 파괴와 고통에서 보호받기 위해서 자신의 자녀를 제물로 바치는 인신제사를 드렸던 것입니다(예1 : 열왕기하 3장에 보면 모압 왕이 이스라엘과 유다의 연합군과 전쟁할 때 자신의 맏아들을 성 위에서 번제로 바쳤습니다. 예2 : 므낫세 시대에도 인신제사를 드렸습니다).

④ 이러한 인신제사는 신명기 18장 9~12절에서 하나님께서 가증히 여기시는 것이라고 분명히 말씀하십니다. 그럼에도 불구하고 아하스는 하나님의 명령을 정면으로 어겼던 것입니다.

⑤ 또한 아하스는 산당과, 작은 산 위와, 모든 푸른나무 아래서 제사를 드리며 분향했습니다. 당시에 사람들은 오래된 나무에는 어떤 신비한 힘이 있다고 생각했습니다. 즉 미신을 따라 행했습니다.

■ 이렇게 악행을 일삼은 아하스 왕에게 하나님은 전쟁이라는 심판을 내리셨습니다.

둘째, 하나님의 심판(5~9절)

■ 그 당시 반앗수르 정책을 취한 아람과 북이스라엘은 동맹을 맺고 유다를 공격했습니다.

■ 5절에서 아람 왕 르신과 이스라엘 왕 베가가 예루살렘에 올라와서 아하스와 전쟁을 벌였습니다. 이때 완전히 예루살렘을 멸망시키지는 못했습니다.

■ 그러나 아람은 유다 국토를 사정없이 공격했습니다. 그래서 수많은 포로들을 다메섹으로 끌고 갔습니다(대하 28:5).

■ 또한 6절에서 웃시야 시대에 열어놓은 항구 엘랏을 아람이 차지하고 그곳에 있던 유다 사람들을 쫓아냈습니다.

■ 역대하 28장 6~8절에 보면 북이스라엘 왕 베가는

① 유다 군대를 단 하루에 12만 명을 죽였습니다.

② 전사자 중에는 유다의 왕자인 '마아세야' 와 궁내대신 '아스리감' 과 총리대신 '엘가나' 도 포함되어 있었습니다.

③ 그리고 엄청난 재물을 유다에서 노략했고, 유다 포로를 20만 명이나 사로잡아서 사마리아로 데려오고 있었습니다.

■ 이에 대해서 역대하 28장 9~15절에 보면

① 북이스라엘에 있는 하나님의 선지자 '오뎃' 이 베가와 이스라엘 군대를 향해서 야단을 쳤습니다.

② 북이스라엘이 유다를 이긴 것은 결코 이스라엘이 유다보다 더 잘나서가 아니라는 것입니다. 그것은 패역한 유다에 대한 하나님의 진노라는 것입니다. 즉 하나님의 진노의 도구로 북이스라엘과 아람을 하나님께서 사용하신 것이라는 말입니다.

③ 그러니 겸손해야 한다는 것입니다.

④ 오뎃은 남유다에서 잡혀온 포로를 형제라고 했습니다. 그러니 그 형제들을 노예로 삼지 말고 돌려보내라고 했습니다(참고 : 레 25:46).

⑤ 이에 이스라엘 사람들은 남유다에서 잡아온 포로들에게 옷을 입히고 신을 신겨주고 상처를 치료해 주었습니다. 그리고 먹을 것을 주고 마실 것을 주었습니다. 그러고 나서 전원 유다로 돌려보냈습니다.

■ 여기서 북이스라엘 왕 베가는 하나님의 선지자의 말씀을 듣고, 또한 유다 백성들은 못된 아하스 왕을 만나서 하나님의 심판을 받고 있지만 동시에 하나님의 자비로 말미암아 북이스라엘의 포로에서 풀려나 집으로 돌아가게 되었습니다.

■ 7~9절에서 아하스 왕은 앗수르에게 도움을 청했습니다. 그 이유는 웃시야 왕 때 남유다에게 패배했던 블레셋과 에돔이 유다를 쳐들어왔던 것입니다. 이때 블레셋은 유다 지방의 기름진 땅인 쉐펠라 평지를 점령했습니다. 이러한 어려움에도 아하스는 하나님께로 돌아오지 않고 강대국을 의지했습니다.

① 7절에서 아하스는 앗수르 왕 디글랏 빌레셀 3세에게 "나는 왕의 신복이요 왕의 아들이라 이제……올라와 그 손에서 나를 구원하소서"라고 했습니다.

② 그때 디글랏 빌레셀 3세는 서쪽 지역을 탐내고 있었는데 아하스가 도움을 청하니 잘 되었다 싶어서 큰 군대를 파견했습니다. 그런데 역대하 28장 20절을 보면 "돕지 아니하고 도리어 그를 공격하였더라"고 했습니다. 즉 유다를 돕는 것이 아니라 유다 땅을 약탈하는 데 혈안이었습니다.

③ 다급해진 아하스 왕은 8절에서 여호와의 전과 왕궁 곳간에 있는 은금을 취하여 앗수르 왕에게 예물로 보내었습니다. 역대하 28장 21절에서 아하스 왕이 그렇게 많은 뇌물을 앗수르에게 바쳤지만 유익이 없었다고 했습니다.

④ 앗수르는 이 일로 말미암아 9절에서 아람을 점령했고 아람 왕 르신을 죽였습니다.

⑤ 이사야 선지자는 아하스 왕에게 '앗수르를 믿지 말고 하나님께 도움을 구하라'(사 7:3~9, 8:5~8)고 했는데 이러한 말씀을 무시해버렸습니다.

셋째, 아하스의 혼합종교(10~20절)

■ 10~16절에 보면 아하스는 다메섹에 있는 앗수르 왕을 알현하려고 갔습니다. 바로 거기서 아하스는 앗수르 왕이 숭배하던 우상 제단을 보고 예루살렘에 돌아와서 즉시 동일한 형태의 제단을 만들고 거기에 숭배했습니다.

■ 역대하 29장 7절에 보면 아하스는 성전 문들을 닫아버림으로 사람들이 성전에서 제사를 드리지 못하게 했습니다.

■ 그리고 이 일에 대해서 제사장 우리야가 앞장서서 왕을 도왔다는 사실입니다. 웃시야 왕 때는 제사장 아사랴가 교만해진 웃시야가 성전에서 분향하려고 할 때 목숨을 걸고 왕의 앞을 막아섰습니다. 아사랴처럼 제사장은 최선을 다해서 하나님을 영화롭게 해야 합니다.

■ 악한 왕 아하스는 죽고 그 아들 히스기야가 유다 왕으로 등극하게 되었습니다.

…결론

아하스 왕은 하나님을 떠나 우상을 섬기면서 계속해서 악행을 저지르고 인신제사까지 드리는 죄악의 늪에 빠지게 되었습니다. 그 결과 전쟁으로 나라는 피폐해지고 백성들은 고통을 겪게 되었습니다.

성도 여러분, 하나님께서는 하나님의 백성이 우상을 섬기는 것을 이토록 싫어하십니다. 그리고 우상을 섬기는 죄는 우리의 눈을 멀게 해서 계속해서 죄악의 늪으로 끌고 들어갑니다. 그러니 우리는 언제 어디서나 우상을 배격하고 오직 하나님만을 섬겨야 하겠습니다. 하나님만을 섬기는 자는 들어와도 나와도 복을 받습니다.

그리고 꼭 기억해야 할 사실은 하나님보다 지나치게 사랑하는 것이 바로 오늘의 우상이라는 것입니다. 그러니 하나님만을 제일로 사랑하시기를 바랍니다. 또한 하나님의 명령에만 순종하시기를 바랍니다.

북이스라엘의 멸망

열왕기하 17:1~41

솔로몬 왕이 죽은 뒤에 BC 922년에 시작된 북이스라엘이 200년 동안 이 땅 위에 존속하고 BC 722년에 마지막 왕 호세아를 끝으로 앗수르에게 멸망당합니다.

특히 호세아(BC 732~724년)는 앗수르 왕의 도움으로 왕위에 오른 북이스라엘의 마지막 왕입니다. 그가 왕위에 있었던 9년간은 북이스라엘이 멸망의 나락으로 떨어지는 비참한 시간이었습니다. 반앗수르 정책을 펼쳤던 베가를 죽이고 왕위에 오른 호세아는 처음 8년은 앗수르에게 착실히 조공도 바치면서 권세도 유지하고 나라를 지켰습니다. 그는 악한 왕이었지만 선대 왕들처럼 심하지 않았다(왕하 17:2)고 했습니다.

그러나 그의 통치시대에 나라의 멸망이 왔습니다. 다른 지도자들보다 조금 나았다고 하는 상대적 평가가 아니라 하나님이 보시기에 어떠하냐가 중요합니다. 즉 하나님 보시기에 호세아 왕은 악한 왕이었던 것입니다.

결정적으로 멸망의 원인은 앗수르 왕 디글랏 빌레셋이 죽자 호세아 왕이 앗수르에게 바치던 조공을 끊고 애굽을 의지한 것입니다. 이와 같은 호세아 왕의 친애굽 정책이 앗수르의 새 왕인 살만에셀을 격분시켰습니다. 그래서 엄청난 군대로 이스라엘의 수도 사마리아를 3년간 포위했습니다. 그런데 이렇게 북이스라엘이 위기에 처해 있었지만 애굽은 전혀 도와주지 않았습니다. 이렇게 해서 이 지구상에 200년 전 여로보암이 세워서 시작된 북이스라엘은 마침내 멸망하고 말았습니다.

첫째, 앗수르의 공격(1~23절)

■ 1절에서 엘라의 아들 호세아가 왕이 되었음을 밝히고 있습니다. "엘라의 아들 호세아가 반역하여 르말랴의 아들 베가를 쳐서 죽이고 대신하여 왕이 되니라"(왕하 15:30). 여기서 호세아는 앗수르에 의해 아람의 수도 다메섹이 멸망당하는 것을 보면서 반앗수르 정책을 펴는 베가를 암살하고 왕위에 올랐습니다. 그리고 친앗수르 정책을 폈습니다.

■ 2~5절에 보면 호세아는 처음에는 친앗수르 정책을 폈지만 디글랏 빌레셀이 죽자 생각이 바뀌어서 애굽 왕 '소'에게 사신을 보내서 도와달라고 했습니다. 이때 북이스라엘로부터 오던 조공이 끊

어지자 앗수르의 살만에셀 왕이 올라와서 북이스라엘을 침공했습니다. 이렇게 해서 북이스라엘의 사마리아는 3년 동안 앗수르에게 포위당하고 있다가 결국에 멸망했습니다.

- 7~14절에는 왜 이스라엘이 멸망당했는가를 말씀하고 있습니다.

  ① 7~8절에서 출애굽의 구원자이신 하나님께 범죄했습니다.

  ② 9~12절에서 이스라엘이 저지른 구체적인 범죄들이 나옵니다. 하나님께 배역하고, 산당들을 세웠고, 목상 즉 아세라 상을 세웠고, 산당에서 분향했고, 우상을 섬겼습니다.

  ③ 13~14절에서 예언자들이 "너희는 돌이켜 너희 악한 길에서 떠나 나의 명령과 율례를 지키되 내가 너희 조상들에게 명하고 또 내 종 선지자들을 통하여 너희에게 전한 모든 율법대로 행하라"고 하였습니다. 그러나 선지자의 말씀을 듣지 아니하고 목을 굳게 하여서 우상을 섬겼습니다.

- 15~18절에서 또다시 북이스라엘의 범죄를 말하고 있습니다.

  ① 하나님과 세운 언약을 지키지 않았고,

  ② 송아지 형상을 만들고, 아세라 목상을 만들고, 일월성신을 섬기고, 바알을 섬겼습니다.

  ③ 인신제사를 드렸고, 복술과 사술을 행했습니다.

  ④ 그 결과 여호와 보시기에 악을 행하여 여호와를 격노하게 했습니다.

- 19~23절에서

  ① 남유다도 이스라엘처럼 하나님의 명령을 지키지 아니하고,

  ② 북이스라엘은 느밧의 아들 여로보암이 저지른 죄(단과 벧엘

에 세운 성소)를 계속해서 짓고 있다는 것입니다.

③ 그 결과 하나님께서 앗수르로 하여금 북이스라엘을 치게 하셨습니다.

■ 북이스라엘이 하나님의 말씀을 버렸기(15절) 때문에 하나님께서 이스라엘을 버리셨다는 것입니다(20절). 또한 이스라엘이 그들의 죄로부터 떠나지 않았기(22절) 때문에 하나님께서 그들을 고향에서 떠나게 하신 것입니다.

둘째, 앗수르의 강제 이주정책(24~33절)

■ 24절에서 멸망당한 북이스라엘은 앗수르에 의해 강제적으로 이주가 이루어집니다.

■ 이렇게 강제 이주정책을 펴는 것은

① 반란을 일으키지 못하게 하려는 것이고,

② 제국의 주민과의 통합을 통해서 반란의 근원이 되는 민족 감정을 없애고자 하는 것입니다.

③ 또한 이주정책을 통해서 황무지를 개간하고자 했습니다.

■ 25~28절에서 이러한 강제 이주정책과 혼합정책에 대해서

① 하나님은 사나운 사자를 보내서 몇 명을 물어죽이셨습니다.

② 그래서 앗수르 왕은 사마리아에서 사로잡혀간 제사장 중에서 한 사람을 벧엘에 거하게 했습니다. 그래서 이주해 온 백성들이 어떻게 여호와를 경외할 것인가 가르치게 했습니다.

■ 29~33절에서 이와 같은 앗수르 왕의 정책으로 인해서

① 바벨론 사람들은 '숙곳브놋' 을 만들었고, 굿 사람들은 '네르갈' 을 만들었다고 했습니다.

② 스발와임 사람들은 그 자녀를 불살라서 그들의 신인 '아드람멜렉' 과 '아남멜렉' 에게 드렸다고 했습니다.

③ 그 결과 강제 이주민들은 여호와도 섬기고, 또한 민족의 풍습대로 자기의 신들도 섬겼습니다.

④ 이렇게 해서 북이스라엘 땅에 혼합종교(syncretism)가 발생했습니다.

⑤ 또한 이방인들과의 혼혈로 잡족이 생겼습니다. 이들을 가리켜서 사마리아인이라고 불렀습니다.

⑥ 이 모든 일은 이미 호세아 예언자가 예언한 대로 이루어진 것입니다(호 13:10~11).

셋째, 북이스라엘의 멸망 원인(34~41절)

■ 34~35절에서

① 하나님께서 이스라엘에게 주신 율례와 법도를 행하지 않았으며,

② 하나님과 세운 언약을 지키지 않고 우상숭배했습니다.

■ 36~39절에서

① 애굽에서 인도하여 내신 하나님만을 경외하고 예배드리라고 하였는데,

② 여호와만을 경외하지 않고 우상들을 섬겼습니다.

■ 40~41절에서

① 느밧의 아들 여로보암이 행했던 우상들을 섬겼고,

② 하나님과의 언약을 지키지 않았고,

③ 하나님의 공의를 지키지 않고 우상숭배하다가 더욱더 죄악된 길로 가게 되었습니다.

④ 하나님이 보내신 선지자들의 말씀을 무시했고,

⑤ 하나님의 은혜를 잊었습니다.

…결론

북이스라엘의 멸망에서 우리는 그 원인을 정확하게 볼 수 있습니다. 그것은 하나님이 가장 싫어하는 우상숭배요, 또한 하나님의 말씀을 무시하는 것이요, 그리고 하나님의 은혜를 잊어버리는 것입니다.

오늘날 우상숭배는 하나님보다 지나치게 사랑하는 것입니다. 또한 하나님의 말씀을 무시하다 보면 결국에는 하나님을 대적하게 됩니다. 그리고 하나님의 은혜를 망각하면 교만해지고 강퍅해집니다.

성도 여러분, 오직 하나님만을 섬기고, 하나님의 말씀에 순종하고, 하나님의 은혜를 기억해야 합니다. 그리고 하나님께 경배하고 찬양함으로써 자자손손 대대로 하나님의 축복 속에서 이 땅에서 존귀하게 살도록 합시다.

성도 여러분, 오직 하나님 한 분만을 섬기시기를 바랍니다.

히스기야 왕(Ⅰ)

열왕기하 18:1~37

열왕기하 16장에서 남유다의 악한 왕 중의 한 명인 '아하스 왕'을 살펴보았습니다. 아하스 왕이 16년 동안 잘못 다스려 쇠약해질 대로 쇠약해진 나라를 이어받은 왕이 히스기야 왕입니다.

아하스 왕은 우상숭배를 했고, 성전을 폐쇄했습니다. 또한 인신제사까지도 행했습니다. 이러한 아하스를 보신 하나님은 진노했습니다. 그 결과 아하스가 통치하는 동안 남유다는 아람과 북이스라엘의 계속된 침공으로 수많은 군사가 죽고, 재물들을 빼앗겼습니다. 또한 어려움을 해결해 보겠다고 강대국 앗수르를 의지했지만 전혀 도움이 되지 못했습니다.

바로 이러한 상황에서 25세 된 히스기야가 남유다의 14번째 왕으로 등극했습니다. 그래서 BC 715~686년까지 29년 동안 유다를 다스렸습니다. 히스기야 왕은 위기 가운데 빠진 나라를 바로 세우기 위해서 개혁정책을 세우고 최선을 다했습니다. 그 결과 성경은 "히스기야가 그의 조상 다윗의 모든 행위와 같이 여호와께서 보시기에 정직하게 행하여"(왕하 18:3)라고 평가했습니다.

첫째, 히스기야의 개혁(1~12절)

■ 1, 2절에서

① 히스기야가 북이스라엘 호세아 왕 3년에 남유다의 14번째 왕이 되었음을 말합니다.

② 또한 25세에 왕위에 올라서 29년을 다스렸습니다.

③ 어머니의 이름은 '아비' 였고 '스가리야' 의 딸입니다.

■ 3절에서 남유다 왕들을 보통 다윗 왕과 비교하는데 히스기야 왕은 다윗 왕처럼 '모든 일에 여호와 하나님 보시기에 정직히 행하는 사람' 이었습니다.

■ 4~5절에서 히스기야가 시행한 종교개혁이 나옵니다(대하 29:1~36 참조).

① 여러 산당을 제거했습니다. 많은 왕들 아사, 여호사밧, 웃시야, 요람 등 종교개혁을 했지만 산당을 제거하지는 않았습니다.

② "주상(바알)을 깨뜨리며 아세라 목상을 찍으며" 즉 우상을 제거했습니다.

③ 모세가 만든 놋뱀 느후수단을 제거했습니다(민 21:6~9).

④ 히스기야가 성전 정화를 했습니다. 아버지 아하스 왕이 성

전 문을 닫아버린 동안 제사장들과 레위인들도 무기력해졌습니다. 그래서 먼저 제사장들, 레위인들을 성결하게 했고, 성전 청소를 했던 것입니다.

⑤ 히스기야는 성전 정화를 질서있게 행했습니다. 1월 1일에 시작해서 8일 동안은 성전 낭실을 깨끗하게 했고, 이어서 8일 동안은 성전 내부를 정화했습니다. 즉 하나님의 성전 정화를 질서있게 정결케 했습니다.

⑥ 성전 정화 후 오랫동안 중단되었던 제사가 다시 행해졌습니다. 히스기야는 아침 일찍 일어나 나라의 모든 귀인들, 지도자들을 모아 여호와의 전에 올라갔습니다.

⑦ 속죄제, 번제를 드렸고, 백성들로 하여금 감사의 제물을 드리게 했습니다.

⑧ 성전 예배를 통해서 백성들의 회개와 헌신이 이루어졌고, 저들 마음속에 기쁨이 가득했습니다.

⑨ 진정한 예배의 회복이 이루어지면 회개와 헌신, 그리고 축제가 있게 됩니다.

■ 6~7절에서

① 히스기야가 이렇게 여호와께 연합해서 예배를 드렸고, 모세의 율법을 지켰습니다.

② 여호와께서 히스기야와 함께하시니 그가 어디로 가든지 형통한 축복을 받았습니다.

③ 그리고 히스기야는 반앗수르 정책을 폈습니다.

■ 8절에서 히스기야 왕이 블레셋을 쳐서 이겼습니다. 그래서 가

사와 그 주변 지역을 차지할 수 있었습니다.

■ 9~12절에는 북이스라엘이 BC 722년에 앗수르에게 멸망당한 것을 기록하고 있습니다. 앗수르는 주민 이주 정책을 펼쳤습니다. 그 결과 혼합 종교가 사마리아에 생겼습니다.

또한 북이스라엘의 멸망의 원인은 우상숭배, 하나님의 율례에 대한 불순종, 그리고 하나님의 은혜를 저버렸기 때문임을 밝히고 있습니다.

둘째, 앗수르 왕 산헤립의 침공(13~37절)

■ 13절에서

① 앗수르 왕 산헤립이 유다의 수도인 예루살렘을 치러 올라온 것을 알 수 있습니다.

② 그 이유는 아버지 아하스 왕과는 다르게 히스기야는 반앗수르 정책을 폈기 때문입니다.

③ 이때가 주전 701년이고, 앗수르는 예루살렘을 공격하면서 항복을 요구했습니다.

■ 14~16절에서

① 히스기야는 신하를 다시스로 보내서 앗수르 왕에게 항복하겠다는 뜻을 전했습니다.

② 이때 선지자 이사야는 히스기야에게 끝까지 항쟁하라고 했습니다(사 8:9~15, 10:24~26). 그러나 히스기야는 이사야의 말을 듣지 않았습니다.

③ 그 결과 히스기야는 상당한 돈을 산헤립(앗수르의 왕)에게 지불해야 했습니다(은 3백 달란트－은 10톤, 금 30달란트－금 1톤).

④ 다급해진 히스기야는 금, 은까지 벗겨주면서 배당금을 충당해야 했습니다.

■ 17~18절에서

① 앗수르 왕 산헤립은 본국에서 일어난 반란을 진압하기 위해서 군대를 예루살렘에서 갑자기 철수하게 되었습니다.

② 산헤립이 주전 689년에 자국 내의 반란을 진압하고 다시 BC 688년에 예루살렘을 침공하였습니다.

③ 산헤립은 부하 랍사게로 하여금 큰 군대를 이끌고 예루살렘을 공격하게 했습니다.

④ 랍사게와 앗수르 군대가 '윗못 수도' 즉 기혼 샘에 와서 멈추었습니다.

⑤ 랍사게가 유다 왕을 부르자 궁내 대신 엘리야김, 서기관 셉나, 사관(기록관) 요아가 나갔습니다.

⑥ 랍사게는 이들에게 앗수르 왕의 메시지를 전했습니다.

■ 19~35절에는 랍사게가 히스기야에게 전한 메시지 내용이 나옵니다.

① 히스기야 왕이 누구를 의지하고 있는가?

② 어째서 히스기야 왕은 입으로만 큰소리를 치는가? 누구를 믿고 앗수르를 반역하는가?

③ 히스기야는 상한 갈대 지팡이 같은 애굽을 의지하는데 그러다가 손만 찔리게 될 것이라는 것입니다.

④ 또한 하나님을 의지한다면 우리 주이신 앗수르 왕과 내기를 해보겠느냐?

⑤ 우리는 여호와의 뜻을 따라서 이 땅을 치러 올라왔다고 했습니다.

⑥ 그때 엘리야김과 셉나와 요아가 앗수르 장수 랍사게에게 아람 말로 하고 유다 방언으로 하지 말아 달라고 합니다. 그 이유는 백성들이 다 듣고 있다고 했습니다.

⑦ 그러나 랍사게는 일어나서 유다 방언으로 유다 백성들에게 외치기를 '앗수르 왕의 말을 들으라' 고 했습니다.

⑧ 히스기야 왕에게 속지 말라고 했고, 어떤 나라도 어떤 신도 앗수르 왕의 손에서 건져낼 자가 없다고 했습니다. 그러니 너희가 믿는 여호와 하나님도 너희를 우리의 손에서 건져내지 못하리라고 했습니다.

■ 36~37절에서

① 백성이 랍사게의 말을 듣고 한 마디도 하지 않았습니다. 그 이유는 왕이 대답하지 말라고 명했기 때문입니다.

② 엘리야김과 셉나와 요아가 옷을 찢고 히스기야 왕에게 나아가서 랍사게가 한 말을 전했습니다.

셋째, 하나님 대 산헤립(왕하 18~19장)

■ 신명기 신학은 신명기 28장에서 "네가 네 하나님 여호와의 말씀을 삼가 듣고 내가 오늘 네게 명령하는 그의 모든 명령을 지켜 행

하면 네 하나님 여호와께서 너를 세계 모든 민족 위에 뛰어나게 하실 것이라……네가 들어와도 복을 받고 나가도 복을 받을 것이니라"(신 28:1~6)고 합니다.

이 말씀대로 히스기야는 "곧 그가 여호와께 연합하여 그에게서 떠나지 아니하고 여호와께서 모세에게 명령하신 계명을 지켰더라"(왕하 18:6)라고 했습니다. 그랬더니 "여호와께서 그와 함께하시매 그가 어디로 가든지 형통하였더라"(왕하 18:7)고 했습니다.

■ 이제 앗수르 왕 산헤립은 큰 군대를 이끌고 와서

① 유다 백성과 히스기야 왕 사이를 이간질하고 있습니다.

② 과연 여호와 하나님께서 유다를 앗수르의 손에서 건져낼 수 있느냐는 것입니다.

③ 그리고 앗수르 왕만이 유다 백성에게 축복을 줄 수 있다고 했습니다.

■ 여기서 사실상 앗수르 왕 산헤립이 하나님과 경쟁하면서 유다 백성으로 하여금 앗수르 왕에게 충성하라고 말하고 있습니다.

…결론

히스기야 왕은 허물어진 제단을 세웠고, 우상들을 버렸고, 예배를 회복했습니다. 그래서 다윗 왕과 같이 온전히 하나님만을 좇았습니다. 그러나 이러한 히스기야 왕에게도 시험은 찾아왔습니다. 앗수르 왕 산헤립이 예루살렘을 함락하려고 큰 군대를 거느리고 온 것입니다. 그리고 유다 백성에게 연약한 히스기야 왕이나 눈에 보이지 않는 하나님을 의지하지 말고 강대국의 큰 왕인 앗수르 왕 산헤립을 의지하라고 합니다. 즉 하나님을 의지하지 말고 세속적인 권력을 의지하라고 소리칩니다.

이때 과연 히스기야 왕은 누구를 의지하였습니까? 또 여러분은 지금 누구를 의지하고 있습니까? 분명한 것은 세속적인 권력은 안개와 같이 사라진다는 것입니다. 성경은 우리가 의지할 분은 오직 하나님 한 분임을 말씀합니다.

성도 여러분, 어려운 일 당할 때 오직 하나님 한 분만을 의지하셔서 하나님의 능력과 권세로 승리하시기를 바랍니다.

히스기야 왕(II)

열왕기하 19:1~37

남유다의 14번째 왕으로 등극한 히스기야 왕은 아버지인 아하스 왕과는 전혀 다르게 "그의 조상 다윗의 모든 행위와 같이 여호와께서 보시기에 정직하게 행하여"(왕하 18:3)라고 했습니다. 그래서 먼저 성전을 깨끗이 했고, 우상들을 깨뜨리고 버렸으며 산당들도 폐쇄하였습니다. 그리고 성전 예배를 회복시켰고, 유월절도 지켰습니다.

그래서 성경은 열왕기하 18장 5~7절에서 5절 "히스기야가 이스라엘 하나님 여호와를 의지하였는데 그의 전후 유다 여러 왕 중에 그러한 자가 없었으니", 6절 "곧 그가 여호와께 연합하여 그에게서 떠나지 아니하고 여호와께서 모세에게 명령하신 계명을 지켰더라"고 했습니다. 그랬더니 7절에서 "여호와께서 그와 함께하시매 그가 어디로 가든지 형통하였더라"고 했습니다. 즉 신명기 28장 1~2절에서 "네가 네 하나님 여호와의 말씀을 삼가 듣고……명령을 지켜 행하면……모든 복이 네게 임하며"라고 한 것처럼 하나님께서 히스기야와 함께하신다는 것입니다.

그러나 앗수르 왕 산헤립이 엄청난 군대를 이끌고 예루살렘을 침공했습니다(왕하 18:13). 특히 앗수르의 산헤립은 요단 강 서쪽 지역을 점령해 나갔습니다. 블레셋 성읍들, 라기스도 점령했고, 아프리카의 강국인 애굽과 에디오피아 연합군까지도 격퇴시켰습니다. 그리고 유다의 46개 성읍을 점령했고, 20만이 넘는 포로들을 잡아갔습니다. 이런 앗수르 앞에 유다 왕국은 풍전등화와 같은 운명에 놓였습니다.

바로 이런 상황에서도 신명기 신학에 의해, 하나님을 의지하고 모세의 계명을 지킨 자는 어떤 경우에도 들어와도 나가도 복을 받고 그 앞날이 형통하게 된다는 말씀이 실제로 이루어지느냐 하는 것입니다. 그런 면에서 열왕기하 19장은 매우 중요한 장입니다.

첫째, 앗수르 침공에 대한 히스기야의 첫 번째 반응(1~13절)

■ 1~2절에서

① 히스기야 왕은 앗수르 군대의 랍사게 장군이 하나님과 자신에게 한 모욕적인 말을 전해 들었습니다.

② 히스기야 왕은 자신의 옷을 찢고 너무 슬퍼서 성전으로 향했습니다.

③ 그리고 엘리야김(왕궁 관리인)과 셉나(서기관)와 제사장 중 장

로들에게 굵은 베를 입혀서 선지자 이사야에게 보내었습니다.

■ 3절에서 히스기야는 위기를 앞에 두고 돌파하지 못하는 무기력과 누구에게도 도움을 받지 못하고 홀로 있는 자신의 모습을 말하고 있습니다.

■ 4절에서 히스기야는

① 하나님께서 하나님에 대한 랍사게의 조롱과 멸시를 목도하셨을 것이니

② 이사야 선지자에게 유다의 남아 있는 자를 위해서 기도해 달라고 하였습니다.

■ 5~7절에서 이사야는 히스기야 왕의 사절단에게 하나님의 말씀을 전합니다.

① 하나님께서 실로 랍사게의 말을 하나님에 대한 모욕으로 들으셨습니다.

② 그래서 하나님께서 산헤립의 귀에 하나의 '소문' 을 넣어 깊은 혼란에 빠지게 하실 것입니다.

③ 그리고 산헤립은 고향으로 돌아가서 거기서 죽게 될 것입니다.

■ 8~9절에서

① 랍사게는 앗수르 왕이 이미 라기스에서 떠나 북서쪽에 있는 립나로 갔다는 소식을 듣습니다.

② 그리고 앗수르 왕 산헤립은 에디오피아 왕 디르하가(Tirhakah)가 진격해 온다는 소식을 들었습니다.

③ 이때 앗수르 왕은 유다 왕을 붙잡아 두기 위해서 또다시 사

자를 보내서 서신을 전달했습니다.

■ 10~13절에서 앗수르 왕 산헤립의 편지 내용이 나옵니다.

① 하나님을 믿지 말라.

② 앗수르 왕이 고산과, 하란과, 레셉과, 들라살에 있는 에덴 족속을 점령할 때 그들의 신들이 무엇을 했느냐. 즉 신들도 산헤립 앞에서 아무것도 아니다.

③ 즉 산헤립은 신처럼 행동했습니다.

둘째, 두 번째 반응(14~34절)

■ 14~19절에서 히스기야 왕이 산헤립의 편지를 받고 나타낸 두 번째 반응입니다.

① 히스기야는 성전에 들어가 고전적인 기도의 양식에 따라 하나님께 직접 기도드렸습니다

② 먼지 하나님의 이름을 불렀습니다.

③ 현재 자신이 처한 곤경을 하나님께 다 아뢰었습니다.

④ 그리고 하나님께 긴급하게 도움을 요청했습니다. "우리 하나님 여호와여 원하건대 이제 우리를 그의 손에서 구원하옵소서 그리하시면 천하 만국이 주 여호와가 홀로 하나님이신 줄 알리이다"(왕하 19:19)라고 했습니다.

■ 14~19절에서는 앗수르 왕 산헤립의 틀린 말을 지적하고 있습니다.

① 다른 열국들의 신은 인간이 만든 우상에 불과하다는 것입

니다(신 4:28).

② 그리고 앗수르 사람들이 우상들을 파괴함으로써 무의식적으로 하나님의 율법을 지킨 것입니다(신 7:5).

③ 그러나 여호와 하나님은 다릅니다. 하나님은 열방을 다스리시는 하나님이요, 만유의 창조자요, 살아 계신 하나님이십니다.

④ 따라서 살아 계신 하나님을 모욕하는 산헤립의 교만은 절대로 용서받을 수 없는 것입니다.

⑤ 이제 하나님은 이스라엘을 구원하실 것입니다. 그래서 누가 참 하나님이신가를 열방에 알리시는 것입니다(예 : 왕상 18장-갈멜 산; 출 5장).

■ 20~28절에서 하나님께서 선지자 이사야를 통해서 하신 말씀을 볼 수 있습니다.

① 이스라엘을 조롱한 것은 바로 하나님을 조롱한 것이라는 말입니다(22~23절).

② 신처럼 행세하는 어리석음을 비판합니다. 그의 자랑처럼 그는 비참하게 멸망할 것입니다.

③ 28절에 나오는 '재갈' 은 앗수르 제국이 패배당한 나라의 왕처럼 모욕적인 최후를 맞이할 것이라는 뜻입니다.

④ 그리고 산헤립이 공격하러 오던 길로 되돌아갈 것이라는 뜻입니다.

■ 29~31절에서 하나님의 말씀이 성취될 것을 확증하는 '징조'를 말합니다.

① 앗수르의 약탈에 의해 초래된 곤경이 3년에 걸쳐서 회복될 것이라고 합니다.

② 앗수르의 침공에서 살아남은 자들이 다시 뿌리를 박고 열매를 맺을 것입니다.

■ 32~34절에 나타난 하나님의 세 번째 말씀은

① 이제 앗수르의 예루살렘 포위는 끝날 것이고,

② 다시는 어떤 포위도 일어나지 않고,

③ 하나님께서 하나님과 다윗을 위하여 행동하실 것입니다.

셋째, 예루살렘의 구원(35~37절)

■ 열왕기상 18~19장에 걸쳐서 계속된 앗수르 왕 산헤립의 오만에 대한 하나님의 응답입니다. 하나님은 이스라엘의 하나님이 참 하나님이심을 보여주십니다.

■ 3절에서 하나님의 천사가 앗수르의 18만 5천 명을 일시에 물리치셨습니다. 하룻밤 사이에 모두 죽어 시체로 변했습니다.

■ 37절에 나오는 니스록(Nisroch)은 마르두크(Marduk)이나 누스크(Nusku)를 가리키는 것입니다. 즉 산헤립의 신인 '니스록' 이 산헤립을 보호할 수 없음을 말하고 있습니다. 즉 하나님을 모욕한 산헤립은 자기 신에게 제사를 드리다가 부하들의 칼에 의해서 죽었습니다.

…결론

히스기야 왕은 풍전등화와 같은 어려움 속에서도, 모든 여건이 하나님을 신뢰하지 못하도록 할 때에도 하나님을 온전히 의지했습니다. 그 결과 하나님께서 히스기야와 함께하셔서 앗수르를 패망시키시고 승리를 주셨습니다. 그리고 분명히 알 수 있는 것은 아무리 큰 나라 앗수르 왕이라 할지라도 인간은 하나님과 맞설 수 없다는 것입니다. 이렇게 해서 하나님만이 이 세상에 유일하신 하나님이시며, 하나님만이 온 세상을 다스리시는 하나님이심을 보여주셨습니다.

그러니 성도 여러분, 예수님께서 시험받으실 때 "주 너의 하나님께 경배하고 다만 그를 섬기라"라고 하신 말씀을 마음에 새겨서 언제든지, 어디서나 히스기야처럼 하나님만을 의지하고 섬길 때 전능하신 하나님께서는 우리에게 승리를 주실 것입니다. 성도 여러분, 오직 하나님만을 섬기시기를 바랍니다.

히스기야의 병과 치유

열왕기하 20:1~21

열왕기하 20장은 히스기야가 왕으로 있을 당시(BC 715~686년)에 있었던 산헤립(앗수르)과의 전쟁 외에 두 가지 다른 사건을 다루고 있습니다. 그 두 가지 사건 중 하나는 히스기야가 병들었고, 그리고 그 병에서 치유받은 사건입니다. 또 하나는 히스기야의 어리석은 행동입니다. 먼저 히스기야가 언제 중병이 들었느냐고 할 때 그 정확한 시기는 알 수 없지만 아마도 앗수르의 산헤립이 예루살렘을 공격하기 바로 전이 아니었을까라는 생각입니다. 왜냐하면 병에서 회복되어서 15년을 더 살았다고 하고 또한 산헤립이 히스기야 14년(왕하 18:13)에 침략하였다고 했으니까 산헤립이 이스라엘을 침략하기 바로 직전으로 여겨집니다.

성경은 왜 히스기야가 치명적인 병에 걸렸는지는 말하지 않습니다. 그러나 그 병에서 치유가 되었습니다.

첫째, 히스기야 왕의 질병과 치유(1~11절)

■ 1절에서

① "그 때에" 라는 시기는 열왕기하 18장 13절의 말씀대로 히스기야 통치 14년을 가리킵니다. 그러니 주전 701년경으로 보여집니다.

② 이사야 선지자가 히스기야에게 '너는 죽고 살지 못하리니 인생의 마지막을 정리하라' 고 했습니다.

■ 2~3절에서 히스기야는 이 엄청난 소식을 전해듣고

① 낯을 벽으로 향하고(즉 은밀한 기도를 드리고),

② 심히 통곡했습니다.

③ 그리고 기도하였습니다.

④ 그리고 자신이 나름대로 충성스러운 종이었음을 말하고 있습니다. 진실(에메드, truth)과 전심(a perfect mind)으로 주 앞에 행했고 선하게 살았음을 기억해달라고 기도했습니다.

■ 이사야 38장 13~14절에서는 그가 밤새도록 울부짖었다는 것을 알 수 있습니다.

■ 4~5절에서

① 이사야가 왕궁에서 벗어나기도 전에 하나님의 말씀이 임했습니다.

② 하나님은 히스기야의 기도와 눈물을 보시고 그를 낫게 하

겠다고 했습니다.

③ 그리고 히스기야가 삼 일 만에 하나님 전에 올라가서 예배드리게 하겠다는 것입니다.

④ 또한 하나님은 유다 백성을 "내 백성"이라고 부르고 있습니다. 즉 이스라엘 백성과 히스기야 왕에 대한 하나님의 특별한 관심을 표현한 것입니다.

■ 6~7절에서 히스기야는 질병으로부터 치유받은 데서 나아가 더 큰 축복을 받습니다.

① 히스기야의 생명은 15년 더 연장될 것이고,

② 예루살렘은 구원받을 것이고,

③ 하나님은 다윗을 위하시기 때문에 예루살렘 성을 보호할 것이라는 말씀입니다.

④ 그리고 질병 치료 방법으로 무화과 반죽을 사용했습니다. 이것은 열왕기하 5장 10절에 나오는 나아만이 몸을 요단 강물에 일곱 번 씻는 것과도 비슷합니다(즉 자연을 사시고 치유하시는 것입니다).

⑤ 이때 하나님은 일영표 상의 그림자를 10˚나 물러가게 했습니다. 이것은 시간이 뒤로 가는 것을 가리킵니다.

⑥ 이 말은 시간을 역진시키는 하나님께서 히스기야 왕의 생명을 손쉽게 연장시킬 수 있다는 것입니다.

■ 8~11절에서

① 히스기야 왕의 병이 치유가 되었습니다(약 5:15~16 "믿음의 기도는 병든 자를 구원하리니……").

② 히스기야는 자신의 병을 치유하신다는 하나님께 약속의 징조를 구했습니다. 이때 이사야는 왕에게 해 그림자가 해시계 위에서 열 칸 앞으로 나아가는 것이 좋은지 뒤로 물러가는 것이 좋은지를 물었습니다.

③ 이때 히스기야는 그림자가 앞으로 나아가는 것이 쉬운 일이니 뒤로 물러가게 해달라고 했습니다.

둘째, 히스기야의 감사(사 38:9~20)

열왕기하에는 히스기야가 질병에서 회복되어서 하나님께 깊은 감사를 드리며 노래를 지은 것이 나오지 않습니다. 그런데 이사야 38장 9~20절에서는 잘 나오고 있습니다(예 : 사 38:10 "내가 말하기를 나의 중년에 스올의 문에 들어가고 나의 여생을 빼앗기게 되리라").

셋째, 히스기야의 어리석음(12~19절)

■ 12절에서 히스기야 왕이 죽을병에 들었다가 회복되었다는 소식에 바벨론 왕 브로닥발라단도 감격해서 사절단을 보냅니다. 그리고 그 손에 바벨론 왕의 친서와 선물을 보냈습니다.

■ 13절에서 히스기야는 바벨론 사절단에게 남유다의 무기고를 보여주었습니다. 그리고 자신의 자랑을 늘어놓았습니다. 이것에 대해서 성서학자들은 대부분 히스기야의 교만이라고 말합니다.

■ 즉 히스기야는 병 나은 후에 교만해진 것을 알 수 있습니다.

■ 14~15절에서 이 일이 있은 후에 이사야 선지자가 히스기야 왕을 찾아가서 몇 가지 물었습니다.

① 누가 왕에게 왔으며 왕은 무슨 말을 했느냐고 물었습니다.

② 이에 대해서 히스기야는 바벨론에서 사절단이 왔고 '저희가 왕궁에 있는 것을 다 보았다' 고 했습니다.

■ 16~18절에서 이에 대해서 이사야는 히스기야 왕에게

① 유다 왕국의 종말을 말하고 있습니다. 즉 나중에 남유다가 바벨론에게 망할 것을 이야기했습니다.

② 히스기야가 전쟁 후에 많은 물품을 모았는데 그것을 다 보여주었습니다.

③ 즉 히스기야의 자만이었습니다. 히스기야는 하나님을 자랑하기보다는 금, 은, 부귀, 재물을 더 자랑스럽게 여겼습니다.

④ 히스기야는 이 일로 인해 이사야에게 경고를 받습니다.

■ 19~21절에서

① 히스기야가 교만했던 자신을 회개하였습니다.

② 하나님은 히스기야 사는 동안에는 심판하지 않을 것을 약속하셨습니다.

③ 히스기야의 업적 중에 '히스기야 터널(수로)' 을 만든 것을 말하고 있습니다. 이때 실로암 못이 만들어졌습니다.

④ 그리고 히스기야가 죽고 이스라엘의 가장 악한 왕 므낫세의 등극을 말하고 있습니다.

…결론

히스기야는 죽을병에 걸렸고 이사야 선지자로부터 사망 선고를 받고 벽을 향하여 통곡하며 기도했습니다. 이에 대해서 하나님은 "네 기도를 들었고 네 눈물을 보았노라"라고 하면서 히스기야 왕의 죽을병을 고쳐주었습니다.

이처럼 하나님의 은혜로 병 고침을 받은 후에 히스기야는 하나님의 은혜를 잊고 교만해졌습니다. 그래서 바벨론에서 온 사자들에게 내탕고에 있는 것까지 보여주었습니다. 즉 그는 자신이 가진 세상 것을 자랑한 것입니다. 히스기야 왕은 자신의 병을 고쳐주신 하나님을 자랑하지 않았습니다. 그 결과 하나님의 심판을 후대에 와서 받게 되고, 보여준 모든 보물은 후에 바벨론으로 가게 되었습니다.

성도 여러분, 어려운 일이 있을 때 하나님께 간절히 기도하셔서 우리의 기도를 듣고 계시는 하나님의 신속한 응답을 받으시기를 바랍니다. 그리고 하나님의 은혜를 자랑해야지 세상 것을 자랑해서는 안 됩니다. 우리의 경건도 사람에게 자랑하는 것이 아니라 하나님만이 아시는 은밀한 경건이어야 합니다. 이렇게 될 때 하나님께 인정받아서 더욱더 복된 생활을 하게 됩니다. 이러한 은혜와 축복을 받으시기를 바랍니다.

므낫세

열왕기하 21:1~26

조선 왕조 500년 역사 속에 훌륭한 왕 하면 태조 이성계를 비롯해서 세종대왕을 들 수 있습니다. 그리고 조선의 제9대 임금인 성종(AD 1457~1494년)을 이야기할 수 있습니다. 그는 세조 때부터 편찬하여 오던 《경국대전》을 완성했고, 반포했습니다. 또 《대전속록》을 완결해서 법제를 완성했습니다. 또한 교육에도 관심을 두어 성균관과 홍문관을 조선시대 최고의 엘리트 양성소와 학문의 중심으로 발전시켰습니다. 이렇게 성종 37년간 나라는 정치, 경제, 사회적으로 안정되었고, 발전했습니다.

그런데 성종의 뒤를 이어 왕이 된 아들이 연산군인데 연산군은 아버지와는 전혀 다르게 조선 왕조 사상 최악의 폭군이었습니다. 연산군이 왕으로 있던 12년 동안 수많은 사람이 죽임을 당했고, 나라는 어지러웠습니다. 우리는 이러한 조선 왕조 역사를 보면서 어떻게 성종 같은 어진 왕 밑에서 연산군 같은 폭군 아들이 나왔는가 하는 질문이 생깁니다.

이와 마찬가지인 경우가 유다 역사에서는 14대 왕인 히스기야와 15대 왕인 그의 아들 므낫세입니다. 위대했던 왕 히스기야가 죽고 나서 므낫세(BC 686~642년)가 왕으로 등극했습니다. 실제로는 12세에 왕이 되어서 아버지 히스기야와 10년 동안 공동으로 다스렸습니다. 무려 55년 동안이나 유다를 다스렸던 것입니다.

그런데 다윗 왕 이래 가장 위대한 왕으로 평가받던 아버지 히스기야 왕과는 완전히 다르게 다윗 왕 이후로 가장 악한 왕이 되었습니다. 아버지 히스기야 시대에 앗수르의 침공이 있었지만 그 침공을 물리치고 난 뒤에 유다는 안정을 찾았고, 번영을 누렸습니다. 그런데 므낫세가 왕이 되고 나서는 오랜 세월 잘못된 정치로 인해서 하나님의 진노를 사고 결국 유다 왕국이 멸망으로 치닫게 된 것입니다.

첫째, 므낫세의 악정(1~9절, 16~17절)

■ 1절에서 므낫세가 왕위에 오를 때에 나이가 12세였습니다. 즉 아버지 히스기야와 같이 통치하기 시작하던 때를 BC 698년으로 잡습니다. 그래서 처음 10년간은 아버지의 심정으로 나라를 다스렸습니다. 그래서 실질적으로 그가 다스린 기간을 44, 45년으로 보고 있습니다. 므낫세의 어머니 이름은 '헵시바'(Hephzibah)인데, 그 의미는 '나의 기쁨이 그녀(이스라엘)에게 있다'는 것입니다. 이사야 62장

4절에서 회복된 예루살렘을 '헵시바'로 불렀습니다.

■ 그 당시 세계 정세는 앗수르가 강자로 군림하던 때였습니다. 이때 므낫세는 아버지와는 다르게 친앗수르 정책을 폈습니다.

■ 2~7절에서 므낫세가 저지른 악행을 볼 수 있습니다.

① 히스기야가 헐어버린 산당들을 다시 세웠습니다. 즉 혼합종교가 되게 했습니다.

② 바알 단을 세우고,

③ 아세라 목상을 세워서 숭배하고,

④ 일월성신을 숭배했습니다.

⑤ 특별히 가증스러운 일은 하나님의 이름을 두리라 한 예루살렘 성소에 일월성신을 섬기는 제단을 세웠고, 아세라 목상을 세웠습니다.

⑥ 또 인신제사를 행했습니다. 그래서 몰렉에게 자기 아들을 번제로 드려서 불 가운데로 지나게 했습니다.

⑦ 또한 점치고 사술을 행했습니다.

⑧ 그래서 3절에서는 므낫세의 죄를 북쪽 이스라엘의 죄, 또는 아합의 죄와 비교하고 있습니다.

⑨ 또 므낫세가 사람을 많이 죽여 예루살렘을 이쪽 끝에서 저쪽 끝까지 피로 가득 채웠다(왕하 21:16)고 했습니다.

■ 8~9절에서는

① 므낫세가 저지른 죄는 하나님께서 모세를 통해서 이스라엘 백성들에게 절대로 행해서는 안 된다고 경고한 것이었습니다(신 18:9~14). 그리고 하나님은 이스라엘이 율법에 순종하면 약

속의 땅에서 계속해서 살 수 있게 하신다고 약속하셨습니다.

② 그러나 므낫세가 저지른 죄악은 모든 백성에게 영향을 끼쳤습니다. 그래서 온 백성이 우상을 섬기는 죄악을 저지른 것입니다.

③ 즉 므낫세는 북이스라엘로 하여금 범죄케 한 느밧의 아들 여로보암과도 비슷했습니다.

④ 므낫세와 백성들의 죄악은 우상숭배를 전해 준 이방 민족보다도 더 심했다고 했습니다.

■ 16~17절에서

① 므낫세는 '무죄한 자의 피를 심히 많이 흘렸다' 고 했습니다.

② 세계 역사는 악한 통치자가 들어서면 억울하게 피흘리는 사람이 많게 된 것을 보여줍니다.

③ 므낫세의 악행에 대해서 많은 선지자들이 책망하고 악한 길에서 회개하고 돌아오라고 했습니다.

④ 이에 대해서 므낫세는 회개하지 않았고, 하나님의 메시지를 전하는 선지자들을 잔인하게 핍박했고, 또 죽였습니다.

⑤ 유대 전승에 따르면 사악한 왕 므낫세가 나무 톱으로 선지자 이사야를 처형시켰다고 했습니다.

⑥ 이렇게 무죄한 자의 피를 흘리게 한 므낫세의 죄를 하나님께서 결코 그냥 넘어가시지 않습니다.

둘째, 하나님의 심판 예고(10~15절)

■ 10~11절에서는 검사가 마치 죄인의 죄를 고소하듯이 하나님께서 선지자들을 통해서 므낫세와 유다 백성의 죄를 고발하고 있습니다.

① 므낫세가 저지른 가증한 일과 악행이 이방 족속인 아모리 사람보다 더욱 심하였다는 것입니다.

② 그리고 유다 백성이 우상숭배로 범죄케 했다는 것입니다.

■ 그래서 12~15절에서는 하나님의 심판 예고가 나옵니다.

① 그러므로 이스라엘 하나님께서 "내가 이제 예루살렘과 유다에 재앙을 내리리니 듣는 자마다 두 귀가 울리리라" 고 했습니다. 여기서 귀가 울린다는 것에서 하나님의 심판의 재앙으로 인한 공포로 말미암아 귀가 울리는 것을 말합니다(삼상 3:11; 렘 19:3).

② 하나님께서 사마리아(북이스라엘)를 재던 줄과 아합의 집을 다림하던 추로 예루살렘을 재겠다는 것입니다(참고 : 다림추(에쉬켈네르)는 건물의 수직, 수평을 재는 추를 말합니다). 아모스 7장 7~9절에서 하나님의 심판을 의미하는 다림줄이 나옵니다.

③ 사람이 그릇을 씻어 엎음같이 예루살렘을 말끔히 씻어버리겠다는 것입니다.

④ 하나님께서 유다의 남은 자(즉 이스라엘의 두 지파)를 버려 그 대적의 손에(바벨론) 붙인즉 저희가 모든 대적에게 노략당하고 겁탈당할 것이라는 것입니다. 즉 BC 587년 유다가 바벨론에

게 멸망할 것을 말합니다.

■ 이렇게 해서 하나님은 유다를 징벌할 것을 확실히 알리셨습니다. 하나님은 북이스라엘을 심판할 때 사용한 다림줄과 아합을 심판할 때 사용한 다림추를 사용해서 심판하실 것을 밝히셨습니다. 그러므로 유다에게 내린 심판은 우발적인 심판이 아니라 하나님의 분명한 결정임을 보여주신 것입니다.

하나님은 솔로몬 왕이 건축한 성전에 주의 이름을 영원히 두시겠다고 하셨습니다. 그래서 성전은 거룩한 곳이기에 비록 제사장이라 할지라도 성전을 모독하면 반드시 죽이셨습니다(참고 레 10:1~3). 그럼에도 불구하고 므낫세는 성소에 아세라 목상을 세웠습니다. 그러니 하나님의 심판은 당연한 것입니다.

■ 예수님께서 마태복음 24장 15절에서 "……멸망의 가증한 것이 거룩한 곳에 선 것을 보거든" 하나님의 심판이 임한 것을 알라고 하셨습니다.

■ 그래서 열왕기하 23장 26절에서 유다가 망한 것은 므낫세가 하나님을 격노케 한 까닭임을 말하고 있습니다.

■ 15절은 그리고 므낫세가 결정적으로 심판을 자초했지만 선조들로부터 오랫동안 하나님께 저지른 죄가 쌓여왔다는 것을 말하고 있습니다.

셋째, 므낫세의 회개와 아몬 왕(19~26절)

■ 역대하 33장 11~20절에는

① 므낫세가 앗수르 왕의 군대 지휘관들에게 사로잡혀서 바벨론에 끌려갔습니다.

② 역대하 33장 12절에서 "그가 환난을 당하여 그의 하나님 여호와께 간구하고 그의 조상들의 하나님 앞에 크게 겸손하여"라고 했습니다.

③ 역대하 33장 13절에서 "하나님이 그의 기도를 받으시며 그의 간구를 들으시사 그가 예루살렘에 돌아와서 다시 왕위에 앉게 하시매 므낫세가 그제서야 여호와께서 하나님이신 줄을 알았더라"고 했습니다.

■ 19~26절에서는

① 아몬이 므낫세의 뒤를 이어서 왕위에 올랐음을 말합니다(BC 642~640년).

② 그러나 2년간 왕위에 있으면서 므낫세의 타락한 통치를 답습했습니다.

③ 므낫세에게 압제당하던 사람들이 아몬도 똑같자 궁중 신하들이 반역해서 그를 죽였습니다.

④ 그러자 백성들은 반역한 신하들을 처형하고 8세 된 요시야를 16대 왕으로 세웠습니다. 이렇게 해서 다윗의 후손이 위기 속에서도 계속해서 왕위에 오릅니다.

…결론

하나님을 떠나 우상숭배하고 가증한 일을 하면 틀림없이 심판하시는 하나님의 공의를 보았습니다. 하나님은 약속을 지키시는 공의의 하나님이십니다. 그러니 성도 여러분, 절대로 우상숭배해서는 안 됩니다. 또한 거룩한 곳에 가증한 것을 세워서도 안 됩니다. 그러면 틀림없이 하나님의 심판이 임하는 것입니다.

성도 여러분, 오직 하나님 한 분만을 마음을 다하고, 목숨을 다하고, 힘을 다하여 섬기시기를 바랍니다. 그렇게 될 때 하나님은 우리에게 들어와도 나가도 하늘의 복을 내려주시고, 앞길을 형통케 해주시는 것입니다. 이러한 은혜와 축복이 여러분에게 있기를 축원합니다.

요시야(I)

열왕기하 22:1~20

유다의 왕들 중에서 가장 악한 왕인 므낫세의 통치 55년이 끝난 후에 그의 아들 아몬이 즉위한 지 2년 만에 신복들이 반역하여 왕을 궁중에서 죽였습니다. 그런데 국민들이 아몬 왕을 반역한 신복들을 다 죽이고 아몬의 아들인 요시야를 유다의 왕으로 삼았습니다. 이렇게 해서 "여호와가 너를 위하여 집을 짓고……네 몸에서 날 네 씨를 네 뒤에 세워 그의 나라를 견고하게 하리라"는 말씀을 이루게 된 것입니다.

이렇게 어린 나이에 왕이 된 요시야 왕은 보고 자란 할아버지 므낫세와 아버지 아몬과는 전혀 다른 '정직한 왕'이요, '다윗의 길로 행하여 좌우로 치우치지 않는 왕'이 된 것입니다. 열왕기하 23장 25절에서 "요시야와 같이 마음을 다하며 뜻을 다하며 힘을 다하여 여호와를 향하여 모세의 모든 율법을 따라 여호와께로 돌이킨 왕은 요시야 전에도 없었고 후에도 그와 같은 자가 없었더라"고 했습니다.

그런데 문제는 신명기 신학에 의하면 하나님을 떠나 우상을 섬기는 배교를 하면 징벌이 찾아오고 오직 마음을 다하고 성품을 다하고 힘을 다하여 하나님만을 섬기고 모세의 율법을 지키면 보상을 주시는 하나님의 방법(ways)이 이루어지느냐 하는 것입니다.

왜냐하면 요시야 왕이 죽고 나서(BC 609년) 얼마 안 있어서 유다는 바벨론에게 패망했기 때문입니다(BC 587년). 그렇기 때문에 하나님의 방법에 대해서 배교는 징벌을 초래하고 개혁은 보상을 가져온다고 단순하게 말하기는 어렵다는 것입니다.

첫째, 요시야 왕의 왕위 등극(1~2절)

■ 1절에서

① 요시야가 왕으로 등극할 때가 8세였고, 31년 통치했음을 말해줍니다(BC 640~609년).

② 어머니의 이름은 '여디다'이고 보스갓 아다야의 딸이었습니다.

③ 요시야가 왕으로 등극할 때 국제 정세가 크게 변하기 시작했습니다. 오랫동안 중동지방에서 최강자로 군림하던 앗수르가 내란에 휩싸이면서 약해지기 시작했습니다. 반면 앗수르의 그늘 밑에서 기를 펴지 못했던 바벨론이 급부상하게 된 것입니다.

■ 2절에서

① 요시야는 정직히 행했고, 그 조상 다윗의 모든 길로 행했다고 했습니다.

② 그리고 좌우로 치우치지 않았다는 것은 우상숭배를 하지 않았다는 것입니다.

③ "아직도 어렸을 때 곧 왕위에 있은 지 팔 년에 그의 조상 다윗의 하나님을 비로소 찾고"(대하 34:3)라고 했습니다. 즉 어린 요시야는 삶의 모델이 할아버지, 아버지가 아니었습니다. 그는 조상 중에 하나님만을 의지했던 다윗 왕을 모델로 삼은 것입니다.

④ 이처럼 사람은 누구를 바라보느냐에 따라서 미래가 결정되는 것입니다(예 : 나다나엘 호손의 《큰 바위 얼굴》).

둘째, 율법책 발견(3~11절)

■ 3~7절에서

① 요시야는 퇴락한 성전을 보수합니다. 이는 요시야 왕의 경건성을 보여줍니다.

② 성전을 수리하는 데는 막대한 재원이 필요했습니다. 그러나 계속된 앗수르의 침공으로 이미 국고는 비어 있었습니다.

③ 그래서 요시야는 백성들로부터 성전 복구 헌금을 거두었습니다.

④ 왕의 창고가 바닥났다면 백성들의 살림도 어렵다는 것입니

다. 그러나 유다 백성들은 하나님의 전을 복구하겠다는 열심으로 헌금을 드렸습니다.

⑤ 이렇게 해서 성전을 복구해 나갔습니다.

■ 8~11절에서

① 성전을 수리하는 과정에서 율법책이 발견되었습니다.

② 대제사장 힐기야가 율법책을 발견한 것입니다. 이 말은 아마도 율법책이 대제사장만이 들어갈 수 있는 지성소 안에서 발견되었을 것이라고 추측하게 합니다.

③ 사실 율법책은 언약궤 옆에 비치되어 있어야 했습니다(신 31:26). 그런데 이 책이 세월이 흐르면서 어떤 이유에서인지 몰라도 사라졌습니다. 성서학자들의 추리로는 므낫세와 아몬의 배교 행위가 지나쳐서 율법책을 파괴할지도 모른다는 두려움에 누군가가 숨겼을 것으로 생각합니다.

④ 율법책을 발견한 대제사장 힐기야는 서기관 사반에게 주었고, 사반은 요시야 왕에게 전달했습니다.

⑤ 서기관 사반은 율법책을 요시야 왕 앞으로 가지고 가서 읽기 시작했습니다.

⑥ 왕은 율법의 내용을 듣자 그 자리에서 자기 옷을 찢었습니다. 이스라엘의 관습에 따르면, 자기 옷을 찢거나 재를 뒤집어 쓰는 행위는 자신의 죄를 인정하는 극한 슬픔과 회개의 표현입니다.

⑦ 요시야 왕은 하나님의 말씀을 들으면서 선왕들과 자신과 백성들이 얼마나 하나님의 말씀에서 어긋나 있었는지를 깨달

았습니다. "우리 조상들이 여호와의 말씀을 지키지 아니하고 이 책에 기록된 모든 것을 준행하지 아니하였으므로 여호와께서 우리에게 쏟으신 진노가 크도다" (대하 34:21)라고 했습니다.

셋째, 율법책에 나타난 심판에 대한 것(12~20절)

■ 12~14절에서

① 요시야 왕은 제사장 힐기야, 아히감, 악볼과 서기관 사반과 왕의 신하인 아사야에게 명하기를 '이 율법책에 나타난 대로 준행하지 않은 우리의 선왕들과 백성들에게 임할 하나님의 진노가 어떠한가를 알아보라' 고 했습니다.

② 그래서 제사장 힐기야, 아히감, 악볼과, 사반과, 아사야가 여선지자인 훌다에게로 나아갔습니다.

③ 여선지자 훌다는 예복을 주관하는 살룸의 아내였고, 예루살렘 둘째 구역에 기하였습니다.

④ 여기서 훌다가 여자라는 사실에 대해서 특별히 언급하지 않고 있습니다. 이 말은 하나님은 선지자가 남자냐 여자냐에 따라서 구분하지 않으신다는 것입니다.

■ 15~20절에서

① 훌다의 예언은 크게 두 부분으로 나누어집니다. 전반부(15~17절)는 냉엄한 심판에 대해서 말씀하고, 후반부(18~20절)는 대 파국에서 요시야가 면제되는 것을 가리킵니다.

② 15~17절에서 하나님은 책의 내용대로 예루살렘과 그 거민

에게 재앙을 내린다는 것입니다.

③ 그 이유는 이 백성이 하나님을 버리고 다른 신들을 섬겼고, 그들의 행위가 하나님의 노를 격발시켰기 때문입니다.

④ 따라서 하나님의 진노가 꺼지지 아니한다는 것입니다.

⑤ 요시야 왕에게는 하나님이 말씀하십니다. '네가 율법의 말씀을 듣고 마음을 겸비하게 갖고, 옷을 찢고 통곡하였고, 네 기도도 내가 들었기 때문에 너는 평안히 죽을 것이다.'

⑥ 즉 요시야 왕은 이 땅에 임하는 재앙을 눈으로 보지는 않을 것이라는 것입니다.

■ 훌다의 선언을 통해서 이스라엘 민족 전체는 다가오는 재난을 피할 수 없다는 것을 알 수 있습니다. 요시야 왕도 다가오는 재난을 개인적으로는 피할 수 있지만 막을 수는 없다는 것입니다.

■ '평안히 죽는다' 는 말은 보통 충분히 오랫동안 살고 죽는 것을 가리킵니다(창 15:15). 그러나 유다에게 닥칠 재앙은 너무나도 끔찍하고 잔혹하기 그지없습니다. 요시야 왕은 전쟁에서 상처를 입어서 죽고, 죽은 후 땅에 매장되었습니다. 그런데 성경은 이러한 죽음도 '평안한 죽음' 이라는 것입니다. 그러니 앞으로 닥칠 재앙이 얼마나 참혹한가를 짐작하게 합니다.

…결론

요시야 왕은 매우 좋지 못한 환경에서 자라났습니다. 그러나 눈에 보이는 대로 악한 것을 따라간 것이 아니라 조상 중에 훌륭한 다윗 왕을 모델 삼고 따라갔습니다. 그래서 요시야 왕은 전무후무한 정직한 왕이 되었고, 올바른 길로 간 왕이 되었습니다. 또한 율법책의 말씀을 들으면서 죄를 깨닫고 회개한 겸비한 왕이었습니다. 하나님은 이러한 요시야 왕의 참회를 보시고 그 기도를 들으셨다고 했습니다. 그래서 유다에게 내리시기로 작정한 재난을 거두시지는 않았지만 정직한 왕 요시야는 평안히 죽게 했습니다.

성도 여러분, 우리는 어떤 환경에서도 올바른 것, 그리고 예수 그리스도만을 바라보고 예수님의 말씀대로 순종하며 살아야 하겠습니다. 그래서 사도 바울처럼 선한 싸움 다 싸우고 달려갈 길 마치고 믿음을 지켜서 준비된 의의 면류관을 받는 성도님들이 되시기를 바랍니다.

요시야(II)

열왕기하 23:1~30

신명기 신학에 의하면, 의로운 삶은 필연적으로 성공을 가져오고 회개는 용서를 가져옵니다. 열왕기상 2장 4절의 "여호와께서 내 일에 대하여 말씀하시기를 만일 네 자손들이 그들의 길을 삼가 마음을 다하고 성품을 다하여 진실히 내 앞에서 행하면 이스라엘 왕위에 오를 사람이 네게서 끊어지지 아니하리라 하신 말씀을 확실히 이루게 하시리라"는 말씀이 요아스 왕에게서는 이루어지지 않음을 알 수 있습니다.

왜냐하면 요시야 왕이 죽은 지(BC 609년) 얼마 안 되어서 유다가 바벨론의 포로로 끌려가고 예루살렘이 불타버리고 말았기 때문입니다(BC 587년). 하나님의 말씀대로 산 요시야 왕에게는 단지 평화로운 죽음(왕하 22:20)만 허락하고 있습니다. 즉 유다를 향한 하나님의 심판은 유다가 구제불능에 빠졌을 때 율법(신명기 신학)은 일시 정지하고 임한다는 것입니다.

그런데 요시야 왕은 이러한 사실을 알고서도 변함없이 어떤 보상도 바라지 않고 하나님께 신실하게 복종했습니다. 여기서 진정한 믿음이란 무엇인가를 알게 합니다. 진정한 믿음은 어떤 이익을 바라는 이해타산을 초월합니다. 성경에서 하나님과 맺은 계약은 상업적 거래가 아닙니다. 개인적 이익을 바랄 요량으로 이루어지는 거래도 아닌 것입니다.

요시야는 보상에 대한 어떤 욕망이나 징벌에 대한 두려움에 관계없이 하나님께 대한 신뢰와 정절로 율법을 지켰습니다. 이런 점에서 요시야 왕은 구약성경의 인물 중에서 하나님을 경외하고 복종하는 데만 머물지 않고 마음과 뜻을 다하여 하나님을 사랑하라(신 6:5)는 신명기의 요구를 실천한 왕이라고 할 수 있습니다.

첫째, 요시야의 계약 갱신 의식(1~3절)

① 1~3절에서

- 요시야는 하나님과 맺은 언약을 다시금 다짐하는 의식을 행합니다.
- 이 언약 갱신에는 모든 백성이 다 참여했습니다.
- 그리고 개혁의 철저성을 강조합니다.

② 성소에서 발견된 율법책을 '계약의 책' 또는 '언약의 책' 이라고 부릅니다.

③ 왕이 “단 위에 서서” 언약 의식에 참여했고, 백성들도 서서 의식에 참여했습니다.

④ 열왕기서에 나오는 ‘계약’은 하나님께서 백성에게 주신 ‘하나님의 은혜’였습니다(예 : 왕상 8:9 – 시내 산 언약, 왕상 8:24 – 다윗 언약 등).

둘째, 개혁을 실행하다(4~24절)

① 4절에서 요시야 왕은 대제사장 힐기야를 비롯한 제사장들과 문을 지키는 자들에게 바알과 아세라 상과 하늘의 일월성신을 위하여 만든 모든 기명들을 여호와의 전에서 내어다가 예루살렘 바깥 기드론 앞에서 불사르고 벧엘에 가서 그 재를 뿌렸습니다.

② 5절에서 선왕들이 세웠던 산당들과 거기에 종사한 제사장들을 폐했습니다.

③ 6절에서 성전 안에 있던 아세라 상을 바깥으로 빼내서 기드론 시내에서 불사르고 가루로 만들어서 무덤에 뿌렸습니다.

④ 7절에서는 성소 안에 있던 남창(창기)의 집들을 헐었습니다.

⑤ 8~9절에서는 산당을 게바에서부터 브엘세바까지 허물었습니다.

⑥ 10절에서 힌놈의 아들 골짜기의 도벳에서 더 이상 인신제사를 드리지 못하게 했습니다.

⑦ 11~14절에서 므낫세와 과거에 유다의 왕들이 도입한 배교

적 관습과 일찍이 솔로몬 왕 때 도입했던 배교적 종교 관습들을 척결했습니다.

⑧ 15~20절에서는 지리적으로 유다의 경계를 넘어 북왕국까지 우상 철폐가 진행되었습니다. 특히 북왕국의 창시자인 여로보암이 도입한 성소들과 종교적 제의들을 허물었습니다.

⑨ 여기서 이교적 종교 관습과 배교적 제사가 얼마나 깊고 철저하게 이스라엘에 침투되었는지를 알 수 있습니다.

⑩ 그래서 이방 신들은 '수치' 라는 히브리어의 두 모음을 붙여서 불렀습니다(예 : 히브리어 '보셋' (Bosheth)은 수치를 의미함). 그래서 이방신의 이름에 보셋을 붙여서 도벳(Topheth), 몰렉(Molech), 그리고 아스도렛(Ashtoreth)이라고 불렀고, 감람산을 "멸망산" 이라고 불렀습니다.

⑪ 15~18절에서 요시야 왕은 여로보암의 배교를 철폐하기 위하여 벧엘 성소를 허물었습니다.

⑫ 20절에서 요시야 왕이 우상을 훼파하고 산당들을 허무는 일을 마치고 예루살렘에 돌아옵니다.

⑬ 21~24절에서

- 요시야 왕의 개혁은 유월절을 지키는 데 이릅니다.
- 이렇게 지킨 유월절은 여호수아 5장 10~12절에 지킨 것과 연결되었습니다.
- 유월절을 예루살렘에서 지키게 했습니다(성소의 단일화).
- 요시야 왕의 개혁은 구체적으로 므낫세의 범죄를 파기하고 원상복귀시켰음을 말합니다.

• 요시야 왕의 개혁은 율법의 말씀에 순종하려는 것임을 밝히고 있습니다.

셋째, 불가피한 파멸(26~30절)

■ 25절에서 요시야와 같이 마음을 다하며, 성품을 다하며, 힘을 다하여 여호와를 향하여 모세의 율법을 준행한 왕은 요시야 전에도 없었고 후에도 없었다고 했습니다.

■ 26절에서 이러한 요시야 왕의 순종에도 불구하고 다가오는 하나님의 심판을 막지 못했습니다. 그 이유는 므낫세 왕이 저지른 잘못은 돌이킬 수가 없을 정도였기 때문입니다.

■ 27절에서는 하나님께서 이스라엘을 패망케 한 것같이 유다도 패망케 할 것이며, 동시에 예루살렘도 훼파될 것을 말하고 있습니다.

■ 하나님과 다윗 자손 사이에 있는 은혜로운 관계(왕상 8:19, 11:36)를 생각해 볼 때 희망이 남아 있었습니다. 왜냐하면

① 솔로몬의 성전 기도(왕상 8:30, 33~36),

② 히스기야의 치유(왕하 20장),

③ 앗수르의 패배(왕하 19장) 등으로 볼 때 더 나은 미래에 대한 소망을 품을 수 있었습니다.

■ 그러나 BC 609년에 요시야 왕의 죽음으로 이런 희망들이 무너져버렸습니다.

■ 므낫세 및 선왕들이 저지른 엄청난 죄로 인해서 하나님의 심판이 내려짐을 알 수 있습니다.

…결론

요시야 왕은 정직하게 살았고, 좌로나 우로나 치우치지 않았습니다. 또한 하나님의 심판이 남유다에 임할 것을 알고도 변함없이 우상을 타파하고 오직 하나님께만 순종했습니다. 요시야 왕은 하나님을 섬기는 데 어떤 보상도 바라지 않았고 어떤 이해타산도 넘어섰습니다. 그리고 오직 마음과 뜻을 다하여 하나님을 섬겼습니다. 하나님은 이러한 요시야의 믿음을 귀하게 보셨습니다. 그래서 2600년이 지난 지금도 존경받는 왕으로 우리 안에 남아 있게 하였습니다.

성도 여러분, 우리도 어떤 상황에 놓여 있든지 변함없이 하나님만을 섬기시기를 바랍니다. 그래서 하나님께 인정받는 존귀한 성도가 되시기를 바랍니다. 이것이 하박국 3장 18~19절에 나오는 "나는 여호와로 말미암아 즐거워하며 나의 구원의 하나님으로 말미암아 기뻐하리로다 주 여호와는 나의 힘이시라 나의 발을 사슴과 같게 하사 나를 나의 높은 곳으로 다니게 하시리로다"라는 전천후 신앙인의 고백이요, 모습입니다.

왕국의 종말(I)

열왕기하 23:31~37, 24:1~20

어느 시대나 역사적 위기가 있습니다. 마찬가지로 남유다에 있어서 가장 심각했던 위기는 주전 612년부터 예루살렘이 무너진 주전 587년까지입니다. 바로 이때 세계사적으로 중요한 일이 발생했는데 앗수르 제국(BC 1100년 경에 이미 지중해에 등장)의 수도였던 니느웨가 바벨론 군대에 의해서 함락되었습니다. 그래서 BC 612년부터는 바벨론 제국 시대로 접어들었습니다.

그러나 앗수르 제국은 워낙 막강한 나라였기 때문에 수도가 함락되었다고 해서 즉시 멸망하지는 않았습니다. 앗수르 제국은 니느웨가 함락된 후 하란(Haran)으로 옮겨가서 바벨론 군대에게 저항하였습니다. 그러나 이집트 왕 느고 2세(Neco II)는 쓰러져 가는 앗수르를 도와주기 위해서 군대를 이끌고 북진하였습니다. 이때 유다의 요시야 왕은 BC 609년에 북진하는 이집트 군대를 저지하기 위해서 므깃도로 군대를 이끌고 나갔습니다. 그러나 군사력의 격차가 너무나 컸기 때문에 요시야 왕은 므깃도 전투에서 전사하고 말았습니다.

그리고 그의 뒤를 이어 요시야 왕의 넷째 아들인 여호아하스(Jehoahaz)가 즉위했습니다. 요시야 왕에게는 네 아들이 있었습니다. 요하난, 여호야김, 시드기야, 여호아하스입니다. 그런데 여호아하스는 불과 3개월밖에는 왕위에 있지 못했습니다.

이집트 왕 느고 2세는 쓰러져 가는 앗시리아를 도우려고 하란으로 갔지만 결국 성공하지 못하고 본국으로 돌아갔습니다. 그런데 돌아가는 길에 유다를 거쳐갔습니다. 이때 애굽 왕 느고 2세는 여호아하스 왕을 퇴위시키고 요시야 왕의 둘째 아들인 여호야김(Jehoiakim)을 왕위에 앉혔습니다.

이때부터 이스라엘의 역사는 혼돈과 퇴락의 길을 걷기 시작했습니다. 여호야김은 이집트에 의해서 왕이 된 봉신 왕(封臣王, vassal king)이기에 이집트에 충성을 바쳐야 했습니나.

주전 605년에 고대 근동의 역사에 중요한 사건인 '갈그미스 전투'(Battle of Garchemish)가 벌어졌습니다. 당시 양대 세력이었던 이집트와 바벨론 간에 패권을 다투는 역사적 전투였습니다. 이 전투에서 승리자는 바벨론이었습니다. 이 전투에 대해서 예레미야 46장 2절에 언급되고 있습니다.

이 전쟁에서 이긴 바벨론이 시리아와 팔레스틴 지역에서 주도권을 장악하게 되었습니다. 이처럼 대세가 바벨론 쪽으로 기운 것을 감지한 유다의 여호야김 왕은 왕으로 세워준 이집트를 버리고 바벨론 쪽으로 선회합니다. 그리고 이집트에 바치던 조공을 바벨론에 바칩니다(BC 604~601년).

주전 601년에 이집트와 바벨론 사이에 또 한 번의 전투가 벌어졌습니다. 이 전투에는 특별한 승자가 없었습니다. 이렇게 되자 유다 왕국 내에는 친 이집트 세력이 다수를 이루었는데 그들이 조공을 바벨론에서 이집트로 바꾸어 바칩니다. 이 말은 유다 나라가 양대국 사이에서 갈팡질팡하고 있었다는 것입니다.

상황이 이렇게 되자 바벨론의 느부갓네살 왕은 유다를 응징하기 위해서 주전 597년에 대군을 이끌고 예루살렘을 공격하였습니다. 그때 그는 예루살렘을 함락시키고 많은 보물들을 바벨론으로 가져갔습니다. 예루살렘 성이 함락되기 직전 여호야김 왕은 죽고 말았습니다. 그가 어떻게 죽었는지에 대해서는 여러 학설이 있습니다.

이처럼 여호야김 왕이 죽고 난 뒤 그의 아들 여호야긴(Jehoiachin)이 즉위하였습니다. 여호야긴이 즉위한 지 몇 달 후에 예루살렘은 바벨론 군대에게 함락되었습니다. 그리고 여호와긴 왕과 예루살렘의 지도층은 바벨론 포로로 끌려갔습니다. 이것이 '제1차 바벨론 포로' (The first deportation, 597년)입니다. 이때 선지자 에스겔도 바벨론 포로로 잡혀갔습니다.

느부갓네살 왕은 여호야긴 왕 대신 요시야 왕의 셋째 아들인 시드기야(Zedekiah)를 유다 왕으로 세웠습니다. 시드기야는 바벨론 왕에 의해서 유다 왕이 되었으니 바벨론의 봉신 왕이 된 것입니다.

첫째, 유다 왕 여호아하스(31~37절)

■ 31절에서

① 므깃도에서 이집트 왕 느고 2세와 전쟁 중 사망한 요시야 왕 다음으로 요시야 왕의 넷째 아들인 여호아하스를 유대 지방의 지주들이 왕으로 세웠습니다.

② 어머니의 이름은 하무달이고 립나 예레미야의 딸입니다.

■ 32절

① 아버지의 전사 이후에 왕이 된 여호아하스는 아버지와는 다른 길을 걸었습니다.

② 아버지 요시야는 나라를 거룩하게 개혁하려고 노력했습니다. 그러나 여호아하스는 이전의 악한 유다와 이스라엘의 왕들처럼 악행을 저질렀던 것입니다.

③ 바로 이러한 여호아하스에게 하나님은 진노하신 것입니다.

■ 33절에서

① 이집트 왕 느고 2세가 바벨론과 전투하고 돌아오던 길에 유다 왕 여호아하스를 폐위시켰습니다. 그리고 그를 이집트로 볼모로 잡아갔습니다.

② 그 이유가 무엇일까요? 요시야 왕처럼 반이집트 정책을 펼쳤기 때문일 수도 있고, 유다 사람들이 세운 왕이었고, 또 넷째 아들이지만 형들을 제치고 왕이 된 것을 보면 상당히 똑똑한 사람일 수도 있습니다.

③ 그래서 이집트는 여호아하스를 폐위시키고 자기 마음대로

움직일 수 있는 요시야 왕의 둘째 아들인 여호야김을 왕으로 세웠던 것입니다.

④ 그리고 유다 나라에 은 일백 달란트와 금 한 달란트를 벌금으로 내게 했습니다.

⑤ 이러한 일련의 사건에 대해서 선지자 예레미야는 다음과 같은 말씀을 했습니다. "너희는 죽은 자(요시야)를 위하여 울지 말며 그를 위하여 애통하지 말고 잡혀 간 자(이집트로 끌려간 여호아하스)를 위하여 슬피 울라 그는 다시 돌아와 그 고국을 보지 못할 것임이라"(렘 22:10).

■ 34~37절에서

① 이집트 왕 느고는 여호야김을 유다 왕으로 세웠습니다.

② 그리고 여호아하스는 애굽에서 죽었습니다.

③ 여호야김은 이집트가 정해 준 벌금인 은 일백 달란트(약 3.43톤)와 금 한 달란트를 물기 위해서 백성에게 무거운 짐을 지웠습니다.

④ 35절에서 "……각 사람의 힘대로 액수를 정하고 은금을 징수하였더라"고 했습니다.

⑤ 여호야김은 왕이 될 때에 25세였습니다. 그는 예루살렘에서 11년을 통치했습니다. 그런데 여호야김도 "그의 조상들이 행한 모든 일을 따라서 여호와 보시기에 악을 행하였더라"라고 했습니다.

둘째, 여호야김의 통치(24:1~7)

■ 1~2절에서

① 여호야김이 유다를 다스릴 때 처음에는 자신을 왕으로 세워준 이집트에 조공을 바쳤습니다.

② 그러다가 BC 605년 갈그미스 전투에서 바벨론이 이집트 왕 느고 2세를 무찌릅니다. 이때 느부갓네살이 예루살렘을 치려고 왔습니다.

③ 그래서 여호야김이 바벨론을 섬기기로 했습니다. 그때가 주전 604년입니다. 그로부터 3년 동안 바벨론을 섬겼습니다.

④ 그런데 BC 601년에 또다시 바벨론과 이집트와 전쟁이 벌어졌는데 이 전쟁에서는 승자가 없었습니다. 그렇게 되자 여호야김은 바벨론에서 이집트로 바꾸어 조공을 바친 것입니다. 이때 선지자 예레미야는 여호야김 왕에게 바벨론을 섬겨야 한다고 했습니다. 그러나 여호야김은 듣지 않았습니다.

⑤ 이 일로 느부갓네살이 큰 군대를 거느리고 와서 BC 597년에 예루살렘을 공격했습니다. 그래서 유다가 항복하고, 첫 번째 바벨론 포로가 되어서 가게 되었습니다.

⑥ 이 일이 있기 얼마 전에 여호야김은 죽었고 그의 아들 여호야긴이 왕이 되었습니다.

■ 3~4절에서

① 이렇게 유다가 패망하게 된 이유는 하나님께서 므낫세의 죄로 말미암아 유다를 물리치고자 함이라고 했습니다.

② 또한 여호야김은 많은 의인의 피를 흘리게 했습니다. 선지자 우리야를 죽였습니다(렘 26:20~23). 예레미야도 죽이려고 했으나 하나님의 보호하심으로 살아났습니다(렘 26:24).

③ 그리고 예레미야가 받은 계시의 두루마리를 불태웠습니다(렘 36:23).

■ 5~7절에서

① 여호야김이 죽고 그의 아들 여호야긴이 왕위에 올랐습니다.

② 그리고 이집트 왕 느고 2세가 다시는 바벨론과 대결하지 못했습니다.

셋째, 여호야긴의 통치(24:8~20)

■ 8~9절에서

① 아버지 여호야김(19대) 왕이 죽고 나서 18세가 된 여호야긴(20대)이 유다 왕으로 등극했습니다.

② 어머니는 느후스다이고 예루살렘 사람 엘라단의 딸이었습니다.

③ 여호야긴은 약 3개월 동안 유다 왕으로 있었는데 여호와 보시기에 악을 행했다고 했습니다.

■ 10~12절에서

① 느부갓네살 왕은 바벨론에게 조공을 바치다가 다시 애굽에 조공을 바친 유다를 응징하러 예루살렘에 올라옵니다.

② 그리고 예루살렘을 에워쌌습니다.

③ 이때 여호야긴 왕은 바벨론에게 포로로 잡혀서 바벨론으로 끌려갔습니다.

■ 13~16절에서

① 바벨론은 성전 보물과 왕궁에 있는 보물을 다 탈취해 가져갔습니다.

② 또한 유다의 수많은 고급 인력들을 포로로 끌고 갔습니다. 이때 에스겔 선지자도 끌려갔습니다.

③ 이렇게 해서 유다에 남아 있는 사람들의 힘을 약화시켜서 다시는 바벨론에게 대항하지 못하게 했습니다.

■ 17~20절에서

① 바벨론 왕 느부갓네살은 여호야긴을 포로로 끌고 갔고 여호야긴의 삼촌이요, 요시야 왕의 셋째 아들인 시드기야를 21대 왕으로 세웠습니다.

② 시드기야가 왕으로 나아갈 때 21세였습니다.

③ 시드기야 역시 하나님 보시기에 악을 행했습니다.

④ 그리고 자신을 왕으로 세워준 바벨론 왕을 배반했습니다.

…결론

하나님만을 의지하지 않고 강대국 사이에서 왔다 갔다 한 왕들은 비참하게 죽었고 이 일로 말미암아 유다 나라는 급속도로 망하게 되었습니다. 그 당시 선지자 예레미야, 스바냐, 나훔, 하박국 등이 그토록 어떤 경우에도 하나님만을 의지하라고 외쳤음에도 불구하고 듣지 않았습니다. 이처럼 하나님을 의지하지 않고 선지자들의 말씀을 듣지 않은 왕과 백성은 하나님의 심판을 받을 수밖에 없음을 역사는 분명하게 보여주었습니다.

성도 여러분, 우리는 하나님만을 바라보고 의지해야 합니다. 어떤 경우나 상황에도 변함없이 하나님을 섬기는 전천후 신앙인이 되어야 합니다. 살아 계신 하나님, 전능하신 하나님께서 전천후 성도들을 인정하시고 지켜주십니다. 그러니 성도 여러분, 전천후 성도들이 되시기를 바랍니다.

왕국의 종말(II)

열왕기하 25:1~30

유다의 19번째 왕인 여호야김 시대에 유다 나라는 주전 604년부터 601년까지 바벨론에게 조공을 바쳤습니다. 그러다가 유다가 다시 조공을 이집트에게 바치자 바벨론의 느부갓네살 왕은 유다를 응징하기 위해서 주전 597년에 대군을 이끌고 예루살렘을 공격했습니다. 바로 이 시기에 유다 안에서는 여호야김 왕이 죽고 그의 아들 여호야긴이 20대 왕으로 등극했습니다. 그러나 여호야긴이 왕이 된 지 얼마 안 되어서 유다는 바벨론에게 항복하게 되었습니다.

이때 느부갓네살은 여호야긴 왕 대신 시드기야(Zedekiah)를 유다 나라의 21번째 왕으로 세웠습니다. 이때 시드기야는 유다 백성들에 의해서 왕이 된 것이 아니라 바벨론 제국의 봉신 왕이 된 것입니다. 이렇게 어려운 시기에 왕이 된 시드기야는 하나님께로 나아가지 않았습니다. "그(시드기야)가 여호야김의 모든 행위를 따라 여호와 보시기에 악을 행한지라"(왕하 24:19)고 하였습니다.

특히 시드기야는 중동 지방에 일어난 반바벨론 운동(BC 595년 12월~594년 1월)에 가담했습니다. 에돔, 모압, 암몬 등 주변의 작은 국가들이 힘을 모아서 반바벨론(Anti Babylonian) 운동을 한 것입니다. 그런데 이 시도는 무모한 것이었고, 결국 실패로 끝났습니다.

이처럼 반바벨론 운동이 실패한 후에 유다 왕 시드기야가 바벨론을 방문했습니다. 예레미야 51장 59절에 보면 "유다의 시드기야 왕 제사년에 마세야의 손자 네리야의 아들 스라야가 왕과 함께 바벨론으로 갈 때에……"라고 했습니다.

이는 바벨론에게 안티 바벨론에 선 것을 사죄하고 바벨론에게 충성을 다짐한 방문이었습니다. 그러나 그 후에도 시드기야 왕은 암몬과 연합해서 다시금 반바벨론 운동(Anti-Babylonian)을 일으켰습니다. 에스겔 17장 15절에 보면 시드기야는 이집트 왕에게 바벨론을 물리칠 보병과 기병을 긴급으로 요청했습니다. 바로 이러한 시드기야의 행동에 대해서 바벨론이 알고 있었습니다.

바벨론 왕 느부갓네살은 자신이 세운 시드기야 왕의 배반에 격분했습니다. 그래서 느부갓네살은 다시 군대를 이끌고 유다에 쳐들어왔습니다. 그리고 1년 반에 걸친 포위 끝에 마침내 예루살렘이 바벨론에 함락되었던 것입니다(BC 587년). 이렇게 유다 나라는 역사 속에서 막을 내렸습니다.

첫째, 예루살렘 멸망(1~7절)

■ 1~3절에서

① 시드기야 왕 9년에 바벨론 왕 느부갓네살이 큰 군대를 거느리고 예루살렘을 쳐들어 왔습니다.

② 예루살렘 성 주변에 토성을 쌓고 1년 반 포위했습니다.

③ 그 결과 성내에는 양식이 떨어졌습니다.

■ 4~6절에서

① 시드기야 왕과 유다 군사들은 식량이 다 떨어진 예루살렘을 탈출했습니다.

② 한밤중에 '왕의 동산 곁문' 길을 통해서 도주했습니다. 이곳은 실로암 연못 부근에 있는 성문이었고, 유다의 남쪽으로 도피할 수 있는 가장 적합한 곳이었습니다.

③ 그러나 오랜 포위 기간 동안 잘 먹지도 못한 시드기야와 귀족들은 빨리 도망기지 못했습니다.

④ 그러다가 바벨론의 추격 부대에 의해 다 생포되고 말았습니다.

⑤ 붙잡혀서 다시금 바벨론 왕 느부갓네살에게 끌려가 신문(訊問)을 받았습니다.

■ 7절에서는

① 바벨론 병사들은 시드기야가 보는 앞에서 그의 아들들을 하나씩 죽였습니다.

② 그것은 유다 왕가의 계승자들을 죽여 왕조를 완전히 종식

시키기 위함이었습니다.

③ 바벨론 군사들은 바벨론에게 패한 왕 시드기야에게 갈고리를 꽂았습니다. 그리고 느부갓네살 앞에 무릎 꿇게 했습니다.

④ 그리고 불에 달군 인두로 시드기야 왕의 두 눈을 뽑아냈습니다.

⑤ 이렇게 한 것은 바벨론을 배반한 자는 어떻게 되는가를 보여준 것입니다.

⑥ 시드기야 왕은 벌거벗긴 채 사슬로 결박당해 바벨론으로 끌려갔습니다.

둘째, 예루살렘 초토화(8~21절)

■ 8~12절에서

① 예루살렘을 점령한 느부갓네살 왕의 시위대 장관 느부사라단이 여호와의 전과 왕궁을 불사르고 모든 집을 불살랐습니다.

② 그리고 예루살렘 사면 성벽을 허물었습니다.

③ 예루살렘에 살고 있었던 엘리트들을 모두 바벨론으로 포로로 끌고 갔습니다.

④ 그리고 '비천한 사람들' 만 유다에 남겨두어 살게 했습니다. 여기서 비천한 사람들이란 심신이 몹시 약한 사람들을 가리키고 또한 경제적으로 극빈층을 말합니다.

■ 13~17절에

① 예루살렘을 정복한 바벨론 군대는 1, 2차 침공 때 유다의

금은 보화들을 모조리 약탈했습니다. 이번에는 나머지 금속으로 되어 있는 것들을 수탈해 갔습니다.

② 바벨론이 예루살렘 성전에서 수탈한 놋의 양은 헤아릴 수 없었다고 합니다. 이것들이 바벨론에 옮겨져서 그릇, 무기, 갑옷 등을 만드는 데 사용되었습니다.

■ 18~21절에는

① 바벨론의 시위대장 느부사라단이 대제사장 스라야와 부제사장 스바냐와 성전을 지키는 사람들과 왕궁에서 일했던 내시와 귀족 60명을 붙잡아 갔습니다.

② 그리고 립나에 있는 바벨론 왕 느부갓네살에게 끌고 갔습니다.

③ 바벨론 왕 느부갓네살은 그들 모두를 죽였습니다.

④ 이렇게 함락당한 예루살렘은 초토화되었습니다.

셋째, 희미한 여명(22~30절)

■ 22~24절에는

① 바벨론 왕 느부갓네살은 유다 땅에 남아 있는 자를 다스리기 위해서 총독을 세웠습니다.

② 그 총독으로 사반의 손자 아히감의 아들 '그달리야'를 세웠습니다.

③ '그달리야'는 총독 관저를 예루살렘에서 '미스바'로 옮겼습니다.

④ 그리고 남아 있는 유다 백성들에게 '바벨론 왕을 섬기라. 그리하면 너희가 평안하리라' 고 하였습니다.

■ 25~26절에서

① 느다니야의 아들 이스마엘이 열 명을 거느리고 와서 유다 총독 그달리야를 죽였습니다.

② 그리고 그달리야와 함께 총독 관저에서 일했던 유대인과 바벨론 사람을 죽였습니다.

③ 이 일로 유다에 대한 바벨론의 핍박은 더욱 심해졌습니다.

④ 유다에 살던 많은 백성들이 바벨론의 보복이 두려워서 애굽으로 내려갔습니다.

⑤ 바로 이때 예레미야도 애굽으로 내려간 것으로 알려집니다.

■ 27~30절에는

① 19대 왕 여호야긴이 바벨론에 포로로 끌려간 지 37년 만에 바벨론에 있는 감옥에서 풀려났습니다.

② 이때 바벨론 왕은 '에윌므로닥' 이었습니다.

③ 옥에서 풀려난 여호야긴 왕은 죄수의 의복을 벗었습니다. 그리고 바벨론에 잡혀 온 여러 왕보다 높은 자리에 앉았고 일평생 바벨론 왕 앞에서 음식을 먹었습니다.

④ 이러한 일에 대해서 긍정적인 면과 부정적인 면이 있습니다. 부정적인 면은 유다 왕 여호와긴이 바벨론 왕에게 받은 호의가 오히려 웃음거리가 되고, 금으로 된 새장에 갇혀 있는 새처럼 보여집니다. 그리고 왕의 장식물은 어릿광대의 의상 같기도 합니다.

⑤ 그러나 긍정적인 면으로 여호야긴 왕이 살아 있다는 것은 다윗 왕가가 끝나지 않았다는 것입니다.

⑥ 실제로 바벨론 포로에서 돌아올 때 여호야긴의 손자인 스룹바벨이 선봉에 서게 되었습니다.

⑦ 또한 이 이야기는 바벨론에 포로로 가 있는 유다인들에게 미래가 열려 있다는 것을 보여줍니다.

⑧ 즉 하나님은 이스라엘을 다시 살리시는 분임을 보여줍니다.

⑨ 그래서 성경의 특징인 희망으로 열왕기하가 끝나고 있습니다.

…결론

하나님을 의지하지 않고 강대국 사이를 오고 간 시드기야 왕의 인생이 비참하게 끝나고 그가 다스린 유다가 망하게 됨을 볼 수 있습니다. 이러한 엄연한 역사적 사실을 보면서 우리는 하나님만을 의지해야 한다는 것을 깨닫게 됩니다. 눈에 보이는 세상적인 힘을 의지해서는 안 되는 것입니다. 또한 하나님은 택한 백성이 수렁에 빠졌을 때 건져내시고 다시 회복시키는 사랑의 하나님이심을 볼 수 있습니다.

성도 여러분, 우리가 하나님만을 의지해야 하는 것은 이처럼 하나님은 우리를 살리시는 분이요, 또한 하나님은 우리가 어떤 자리에 있다 할지라도 우리의 미래를 열어주시는 분이기 때문입니다.

그러니 언제 어디서나 오직 하나님만을 믿고, 순종하고, 바라보고, 따르는 성도들이 되시기를 바랍니다. 하나님께서 앞길을 열어주셔서 성도들의 미래가 형통해지기를 바랍니다.

판 권
소 유

오직 하나님만 의지하라

2013년 6월 5일 인쇄
2013년 6월 10일 발행

지은이 | 강용규
발행인 | 이형규
발행처 | 쿰란출판사

주소 | 서울 종로구 이화동 184-3
TEL | 02-745-1007, 745-1301~2, 747-1212, 743-1300
영업부 | 02-747-1004, FAX / 02-745-8490
본사평생전화번호 | 0502-756-1004
홈페이지 | http://www.qumran.co.kr
E mail | qrbooks@gmail.com
qrbooks@daum.net
한글인터넷주소 | 쿰란, 쿰란출판사

등록 | 제1-670호(1988.2.27)

책임교열 | 오완 · 김유미

값 9,000원

ISBN 978-89-6562-462-2 93230